貧困と排除に立ち向かうアクションリサーチ

韓国・日本・台湾・香港の経験を研究につなぐ

全 泓奎 JEON Hong Gyu

明石書店

はしがき――焼き芋を売る

冬になると思い出す風景がある。今から二八年前の一九九四年頃、筆者は再開発真っ只中のソウル市内のスラム地域に数年間居住していた。そこは経済的には貧しいが家族や隣同士で仲良く暮らす人びとの居住の場でもあった。しかし、ある時からスラムを再開発しマンションを建てる計画が盛り上がった。土地や家屋の持ち主が中心となり、間借りしていた住民を追い出す形で計画が進められた。当時大学生だった筆者は、その人びとの居住の権利が認められないまま追い出されてしまうことは許せるものではない、という思いで地域に入り、住民と共に暮らし始めた。実はこれにはもう一つの理由があった。当時の筆者たちのような若者を指し示す表現として「三八六世代」という言葉が流行っていた。これは、一九六〇年代に生まれ八〇年代に大学生活を送った当時三〇歳代の人びとを指す。この世代の人びとは、植民地や戦争の経験者である親世代に比べ、高度成長のさなかで教育の洗礼を受け、比較的に社会意識の高い世代が主流をなしていた。当時の筆者も大学に入るや否やすぐに学生運動の波に飲み込まれ、しばらく路上でのデモや社会実践に励んでいた。今では学生たちにこのような経験を話すと驚かれることが多いが、そうした経験に加え、韓国は徴兵制の国。特別な事情を持たない健康な男性は皆、成人になれば軍隊に徴兵される。筆者も二年半の軍隊生活を終え復学し、卒業後の社会進出に向けた勉強に取り組んでいたちょうどその頃、近くで強制立ち退きが行われ住民の多くが追い立てられる羽目に陥っている、と後輩たちの騒ぐ声が図書館の外から聞こえてきた。最初は耳をふさいで勉強に集中していたのだが、学生運動に身を置いていたものとしてはいても立ってもいられず、気がつくと後輩たちとその地域に行き、住民への支援について話し合っていた。

一九八〇年代から九〇年代にかけて、韓国では「カンゼチョルゴ（強制立ち退き）」といわれる、再開発組合によって雇われた立ち退き業者による暴力的な追い立てが激しさを増していた。これは「合同再開発方式」ともいわれ、当該地域の再開発組合による事業に対し地元の行政がインフラ等を支援する形で協力するという美名の下、都市整備が進められていた。

その背景には一九八六年のアジア競技大会、一九八八年のソウルオリンピックもあって、こうした国規模のイベントが立て続けに開催されたことを境に、都市の景観は高層マンションが群がる高密都市空間に入れ替わってしまったのだ。

話が少し横に逸れてしまったが、いずれにしてもこのような強制立ち退きに立ち向かうため、学生グループの一部が都市貧民との連帯という旗を掲げ、市内各地の開発地域に向かったのだ。しかしそのほとんどは、強制立ち退きに対抗し闘うものの、事案がなくなれば地域を去っていった。筆者

写真 0-1　1994 年から 1998 年末まで居住していたソウル市内にあった再開発地域　出所：筆者撮影

はこれに疑念を抱いていた。筆者たちは闘うだけの目的で地域や住民と連帯しているわけではない。住民の生活を守り、ここで今までと同様のコミュニティが維持され、かつ子どもたちが健全に成長できる環境を守っていくための支援

1　「貧民活動」の略称。当時学生グループ、とりわけ社会意識が高く学生運動に熱心であった学生グループは、周りの学生たちとともに、夏と冬には「ノンファル（農村活動）」と称される農村地域への支援活動に出かけた。農作業の支援というのはあくまでも名目上のものであって、実際は農民の意識化・組織化が目的であった。一九八〇年代半ばから九四年まで行われたＧＡＴＴ（関税及び貿易に関する一般協定）のウルグアイ・ラウンド交渉によって韓国の農村や農業の将来が危ぶまれるようになり、それに疑問を抱いた大学生が農村地域に出向き、農民の組織化や子どもなどを対象にした学習支援や地域生活支援活動を展開していた。「ビンファル（貧活）」はその都市貧困地域版という位置づけでもあったが、老朽市街地の開発を名目に開発地区として指定され強制立ち退きによって追い立てられることになった地域に同じく夏と冬に学生グループを組織し、一週間程度地域で生活しながら住民組織化と強制立ち退きへの対応を準備したりする活動であった。その中には子どもへの学習支援のための「ゴンブパン（勉強部屋、寺小屋）」や「オモニ教室（母親教室）」、住民教育、地域文化祭等の活動があった。

写真 0-2　1960 年代の川沿いのバラック（清溪川、ソウル、1965 年）

韓国では 1988 年のソウルオリンピックを前に大規模な都市整備が進められ、都市再開発事業が本格化した。当時 20 歳代半ばの筆者が生活していた地域もその代表的な例であったが、その後も継続的に再開発事業が進められ、1970 年代にはソウル市人口のおよそ 10％が居住していたスラム地域は高層マンションに入れ替わってしまった。写真 0-2 は 1960 年代、ソウルの中心を流れる清渓川の川沿いのスラムの様子である。

出所：ソウル市政開発研究院・ソウル学研究所（2000：205）

を行っていくべきである、と考えていたのである。筆者は、一九九四年八月の夏の「ビンファル（貧活）」[1]で学生グループのリーダー[2]となって活動の企画から実施等を担った。そして最後に参加した学生と住民が合同で企画した文化祭を終えた後、筆者は強制立ち退きによって壊れかけたある家屋に自分の荷物を降ろしていた（写真0－1）。

こうして約五年に及ぶ地域での生活が始まったのである。地域で生活しながら、他地域で強制立ち退き事案が生じたらその地域への連帯のため駆け付ける他、住民教育や、ゴンブパンの運営[3]等を中心に行った。

その頃、地域に経済的に困窮する青年の住民がいて、いつも地域内で問題を起こしたりして警察に世話になることがしばしばあった。その時も夜中に住民からの連絡で、その青年が知人と喧嘩し交番で取り調べを受けていることを知った。筆者は急いで服を着るや否や交番に駆け付け身元引受人となり連れて帰ってきた。その出来事からしばらく後にその青年と二人で始めたのが、冬場の路上での焼き芋販売だった。地域の住民からドラム缶を譲り受け、それを焼き芋用に改造し、毎日夕方から帰宅する人がまばらになる深夜まで焼き芋販売を続けた。予想外に売れ行きがよく、ああ、こういうことで生活の立て直しができるんだと喜んだことを記憶している。

2　「ビンファル隊長」と称される。ビンファルは、一つの大学からではなく、いくつもの大学の学生グループが連携して行われる場合が多く、筆者はその学生グループのリーダーとしてその年のビンファルの陣頭指揮をとった。
3　ゴンブパンの責任者を兼ねていた。

それから五年、一九九九年に来日するまで筆者は同地域を生活の場としながら、地域内の住民の生活向上に向けた就労支援計画の立案（いずれも失敗に終わってしまったが、住民の協同による生活協同組合や共同作業場から始まる生産協同組合に向けた試みの企画等をはじめ、初期資金の確保のため冬場に住民と焼き芋を販売して回ったりしていた。これが先に述べた地域のお兄さんとはじめた焼き芋販売でもあった）、そしてゴンブパンを中心とした子どもたちへの学習支援（筆者が学校長を務め、連日大学生によるボランティア教師と授業を行った）、地域住民や生活状況への理解を広げるため地域外の住民との交流も視野に入れた、地域映画祭・文化祭の開催、他の再開発地域との交流を進めてきた。これらの経験が筆者にとってのアクションリサーチ[4]との出会いであり、今の自分を支える大きな土台や原体験になっているのである。

本書では、このように、筆者が出会ったアクションリサーチについて紹介し、その世界にみなさんを招き入れることを意図しながら執筆を進めた。最初の企画を構想してから数年が経過している。あれもこれもと考えていたら時間が過ぎてしまった。しかし、あまり時間が経ちすぎると紹介したい事例も有効期限を過ぎてしまったような感覚となってしまう気がして、今回あえて力を込めて書くことにした。というのは、今もなお続いている新型コロナウイルスによる感染症の影響で多くの人びとが困難を抱えているためである。これからもこれらの問題を解決するための様々な政策や実践等が取り組まれると思うのだが、それにかかわる研究者や研究も増えてくることになるだろう。また、大学で学んでいる学生など将来の研究者のタマゴとなる人への経験の共有は重要な課題と考えた。もちろん筆者の経験は一つの例に過ぎない。しかしこのような研究手法や実践があることを知ってもらい、ぜひこれをさらに深めていくための研究の途を切り拓いていってほしいと切に願っている。そのための筆者からの小さなメッセージとして、本書を世に出すことにした。

参考文献

ソウル市政開発研究院・ソウル学研究所（二〇〇〇）『ソウル、20世紀１００年の写真記録』ソウル市政開発研究院

4　アクションリサーチとは、常に変容過程にある社会が抱えている様々な問題に対して、研究者のみならず当事者が当該問題を「認知」し、研究者らとともにその解決策を「模索」し、当該問題から「解き放されていく」ための調査活動手法のことである。すなわち研究者があえて問題の中心地に飛び込み当事者とともに現状の変化を促す研究である。

目次

第3章　アクションリサーチの実践

序論　アクションリサーチとライフ・ヒストリー法

本書は貧困と排除に立ち向かうための研究手法の一つとして、アクションリサーチを試みたものである。そのため、これまで筆者が実施してきた一連の研究活動の中から得られた知見を基に、その具体的な実施例を示すことにしたい。本書でアクションリサーチの対象としているのは、社会的不利が集中する「地域」[1]である。ここではそれにかかわる調査手法の一つとして使ってきたアクションリサーチを行っていくに際しての調査方法の一部を紹介する。

まずは「ライフ・ヒストリー調査」である。これは調査対象者の「ライフ・ヒストリー（生活史）」を「生活構造」の持続・変容過程として捉える方法である。このような「ライフ・ヒストリー」には、具体的に口述史（オーラル・ヒストリー）、自伝、伝記、日記など様々なものがあるが、最近は口述史の聞き取りが主要な方法となっている。口述史とは、調査者の質問に答える対話形式で、調査対象者が生まれてから今日までの歴史を語ってもらうものである。それをボイスレコーダーで録音し、そ

1　筆者はこうした地域を「社会的不利地域」と称している。第1章注1参照。

の録音データの声を逐語的に文字化したものを活用するものである（谷、一九九六：四）。

このようなライフ・ヒストリーの関連用語には、「ライフ・ストーリー」[2]等があるが、両方とも現代社会の変容過程における「現代社会の異質化」や「生活世界の多元化」（「ライフ・ヒストリー」）のさらなる増大、深化の趨勢の中でベルトーが「状況のカテゴリー」[3]と呼んでいる社会的なマイノリティに、主にフォーカスを当てている（Bertaux, 2003）。

さらに詳述すると、まず先述した「生活構造」とは、「生活主体としての個人が文化体系及び社会構造に接続する、相対的に持続的なパターン」を指し、また生活主体とは、社会の階層構造と地域（コミュニティ）構造とに、家族を通して接続するというパターン」（鈴木、一九八六：一七七）を表している。さらに、生活構造とは、集団参与や社会関係の総体を通して、生活主体が階層構造と地域構造へと、すなわち社会構造へ関与する様式と定義される（三浦、一九九一：五〇）。ライフ・ヒストリー法は、そのような生活主体、つまり本書では居住貧困層や社会的弱者が社会構造へと関与する様式を捉えるための研究方法である。以上を考慮すると、この方法は本書で取り上げている貧困と社会的排除に関連した研究対象を捉え、それに立ち向かうアクションリサーチを実施するための研究方法として最も有効であることがわかる。なぜならば、本書では、貧困や排除をもたらす様々な地域や社会的な文脈を深層的に分析し、その中から貧困層や社会的弱者の地域と社会とのかかわりという関係的な側面や、それによって貧困化と排除をもたらすメカニズムという動態的なプロセスを明らかにすることを目的としているためである。そのためには、誰よりも貧困や社会的排除を被っている当事者からの長期間にわたる自分史への聞き取りが何よりも有効なのである。

言い換えると調査対象者に対する深層的な聞き取り調査を通じたライフ・ヒストリー法は、調査対象者の生活経験の再構成のナラティヴの中で、とりわけ居住部門と関連し、どのような排除の経験が貧困化や社会的排除に影響を及ぼしているのか、その時間的なパースペクティブやメカニズムについての全体関連性をより明らかにすることができるのである。したがって、そのような調査方法は、本書で扱っているアクションリサーチと関連した研究手法として最も相応しいものであると判断される。

以上のような調査方法の特性の下で、アクションリサーチと関連し、この方法の有効性と方法採択の理由などについて、谷（一九九六）を参考に改めてまとめてみると次の通りである。

2　ベルトーは、ライフ・ストーリーを「主体／調査対象者のヒストリー全体を扱うという。誕生から始まり、両親の歴史、環境、社会的な出自にも簡潔に触れる。主体の人生のヒストリー全体を網羅する。この人生のヒストリーのそれぞれの時期において、ストーリーはたんに主体の内面的生活と行為だけでなく、個人間の、そして社会的コンテキストを描いている」と説明している。なおこのようなライフ・ストーリーを研究に使おうとすると別様の理解が必要であるとしながら、次の点を紹介している。①主体の言説的な生産が〈ナラティヴの形態〉をとるという意味としてライフ・ストーリーであること、②一つの人生の〈リアルなヒストリー〉とは明確に区別される所与の環境の中で語られた〈ストーリー〉であること、③人生の中でおこった〈出来事〉と〈状況〉の時間的な連続をめぐって構造化された人生の道筋、④研究者と調査対象者の契約（調査への承諾）によってつくられるようになった〈フィルター〉を通された経験であること（Bertaux, D., 1997; 和訳、二〇〇三：五九－六五）等である。

3　ベルトーは「状況のカテゴリー」の例として、一人で子どもを育てている母親、離婚した父親、独身の農業従事者、仕事を探す低学歴の若者、あるいは麻薬中毒者、身体障がい者、慢性疾患者、長期失業者、住居のない人、不法滞在の外国人等を例示しており、この研究方法を用いることで、どのようなメカニズムとプロセスによって、主体／語り手が所与の状況におかれることになったのかを捉えることができると述べており、そうした観点からもアクション・リサーチを実施するに際して有効な調査手法の一つであることがわかる（Bertaux, 1997; 和訳、二〇〇三：四一－四二）。

まず、アクションリサーチの調査方法として、「ライフ・ヒストリー法」を用いることに対する有効性は、次のものが挙げられる。

第一に時間的パースペクティブを内蔵しているので、対象を過程として把握することが可能である点である。この点は、ライフ・ヒストリーの最大の強みであることが強調されているように、とりわけ本書の対象としている貧困や社会的排除という結果に至るまでのプロセスの中から、その具体的なメカニズムを摑み取るためには最も有効な方法といえる。

第二に全体関連的な対象把握を志向している点である。本書においては、社会的排除や貧困化に影響を及ぼす様々な要因を特定し、それにかんする多次元的で包括的な対応を模索することに目的がある。そのためには一面的な認識ではなく、分野横断的なアプローチが必要であり、この方法はそれを導くのに有効なのである。

第三に主観的現実に深く入り込み、内面からの意味把握が可能である点などである。

また、アクションリサーチの実施において「ライフ・ヒストリー法」が有効であると考えている理由についてより詳しく述べると、次の通りである。

つまり量的調査[4]では、調査対象者の生涯過程における社会的排除の具体的諸相を摑み難い。この場合、オーラル・ヒストリーの方が質問紙調査の「自由回答」による「自由記述」よりもはるかに全体関連的に詳細な実態採取が可能となる。また量的調査では、現実の複雑さをフォローしにくい点がある。それに貧困や排除状態にいる人びとの母集団設定が不可能であるし、サンプリングでの質問紙調査では、誤差の大きい（代表性の乏しい）量的結果しか得られない点を指摘できよう。

本書では以上のようなライフ・ヒストリー法に基づいて、これまで実施した調査の中からいくつかの事例を取り上げ紹介する。その前に先に述べないとならないのは、各々の調査における調査対象の選定にはかなりの工夫が必要であったという点である。つまり各調査に適合する対象者からの協力を得るため、まずは各対象者への支援を行っている民間の支援団体等からの協力が必要だった。本調査の前に支援者に対して調査の趣旨を説明し、それぞれの調査に最も相応しい対象者を紹介してもらい、その中からまた最も典型的といえる調査対象者を選んだ。その後、直接あるいは支援者の協力を得て応じてくれた方の中から最終的に対象者を選定した。

実際の調査に際しては、「ライフ・ヒストリー法」という調査方法の特性上、場合によっては一人の調査対象者に対し何度も繰り返し訪問し、調査の協力を得る必要もあった。また実際の調査に際しては、このような質的調査の前提となる調査対象者とのラポール（信頼関係）の形成が必要であった。ある意味では他者でしかない調査者が調査対象者のライフ・ヒストリーを聞き取るのだから全幅的な信頼関係の構築は欠かすことができず、またそれが言述データの信頼性にもかかわるのである。それ

4　ライフ・ヒストリー法と量的調査における目標の違いは左の表の通りである。

質的調査（ライフ・ヒストリー法）	量的調査
目標：仮説索出 「分析的帰納法」「グラウンディド・セオリー・メソッド」「飽和過程」	目標：仮説検証

資料：谷富夫編（一九九六：一二一－一二三）より再整理

に調査対象者の記憶に全面的に依存せざるを得ないため、重要な言述については時間をおいて後ほど再度聞き直し確認するなどの工夫も必要であった。それは調査対象者の言述に対する信頼性を検証する意味を持っている。そのような調査が日数をかけて繰り返し行われた。採集した調査対象者からのライフ・ヒストリーは、小型のボイスレコーダーで録音し、その音声データを文字化した。結果的に調査対象者一人当たりＡ４用紙で数十枚にわたる分量になり、それを基に分析を行った。[5]

　こうした研究方法に加え、第1章で紹介する公園のホームレスコミュニティに対して実施したようなワークショップや当事者参加型調査法のような取り組みに対しては、途上国の開発の現場で行われているアクション・リサーチ、もしくはアクション・プランニングの対応が参考になる。とりわけ後者の特徴は、住民、つまり被調査者の問題発見と行動のための組織・能力形成に重点（エンパワーメント）をおいていることである。そこでは地元コミュニティの住民組織（ＣＢＯｓ）の居住地に対する居住及び生活環境改善における様々な取り組みが草の根から行われており、その蓄積が行政を動かし、新たな開発パラダイムへの転換ももたらしている。また、その影響は、計画や開発におけるこれまでの目的合理的な計画論から、学習と行動を通じたアプローチ、つまり学習プロセスアプローチ（Learning Process Approach）への転換をもたらし、手法的にもアクション・プランニングといった形で現れている（穂坂、一九九七）。穂坂は、アクション・プランニングについて、①速成で選択的に行われる診断型「事前調査」、②都市全体を大まかに方向付ける「概念的指針」、③民間を誘導するための公共主要部分での「アクションプログラム」、④実施機関まで含んだ行政各部局間の「役割設定」、⑤実施現場から学ぶことを制度化する「モニタリングとフィードバック」のようなプロセスを持っていると述べている。また、アクション・プランニングは、その後、「略式計画法（Reduced Approach）」というマクロな手法と、ミクロな方法論である「速成農村調査」（Rapid Rural Appraisal: RRA）、「参加型農村調査」（Participatory Rural Appraisal: PRA）、「参加型学習と行動」（Participatory Learning and Action: PLA）へと展開し、都市のコミュニティ開発では「マイクロプランニング」と呼ばれるものが生まれたと述べられている（穂坂、一九九七：二〇〇一）。なお、ＰＬＡについては、プロジェクトＰＬＡ編（二〇〇〇）、マイクロプランニングについてのより詳しい実践例は、Goethert and Hamadi (1988) を参照されたい。

　こうした内容はアクションリサーチが地域への積極的な介入研究によって具体的な変化をもたらすアクション・プランニングへの変容を促すことを示している。

参考文献

鈴木広（一九八六）『都市化の研究――社会変動とコミュニティ』恒星社厚生閣
谷富夫（一九九六）「ライフ・ヒストリーとは何か」谷富夫編『ライフ・ヒストリーを学ぶ人のために』世界思想社
プロジェクトＰＬＡ編（二〇〇〇）『続・入門社会開発』国際開発ジャーナル社
穂坂光彦（一九九七）「第三世界のオルタナティブ――アクションプランニングとセルフビルドの思想」『都市計画』

5　具体的には言及しないが、調査に際しては研究倫理や個人のプライバシーの保護に配慮して実施しており、調査の途中にいつでも調査に応じることを止めることができることなどについても説明し、被調査者の同意を得たうえで調査を実施した。なお、調査後のデータの保存等に対しても筆者の所属機関の定めるルールに沿って保存・管理を行い、一定期間終了後に廃棄した。

穂坂光彦（二〇〇一）「オランギー地区環境整備の都市計画論的考察」穂坂光彦・篠田隆編『南アジアの都市環境マネジメント』（文部省科学研究費・特定領域研究（A）「南アジアの構造変動とネットワーク」）
三浦典子（一九九一）『流動型社会の研究』恒星社厚生閣
Bertaux, D.,（1997）*LES RÉCITS DE VIE : PERSPECTIVE ETHNOSOCIOLOGIQUE*, Paris: NATHAN.（小林多寿子訳（2003）『ライフストーリー――エスノ社会学的パースペクティヴ』ミネルヴァ書房
Goethert, R., and N. Hamdi（1988）*Making Microplans: Acommunity based process in programming and developmemt*, London: Intermediate Technology Publications Ltd.

第1章

ホームレスの人びとへのアクションリサーチ

毎年冬に行われるホームレス当事者及び支援者による越年越冬闘争

1. ホームレス支援との出会い

筆者が先に述べた韓国での実践経験を踏まえて玄界灘を渡ることになったのは、当時韓国では日本でのまちづくりが大きく取り上げられ、住民無視の開発行政やプランニングに対するオルタナティブとして紹介されていたためであった。筆者は、それなら実際自分の目で見て体験し、住民は眼中にない資本本位の都市開発によってあえいでいる韓国の都市におけるまちづくりに応用する道筋を提示したい、という素朴な期待と夢を抱いて来日した。一九九九年五月のことである。しかし、実際日本でいうまちづくりの現場は、筆者が想像していたスラム地域のようなまちづくりを切実に必要としている地域ではなく、既にある程度地区環境の整備が行われ住民の生活も余裕があるような地域での事例がほとんどであった。一方、様々な理由で本当に開発を必要としている木造密集市街地や寄せ場地域のような、いわゆる社会的不利地域[1]に対してはほぼ手つかずの状態であることを知って愕然とした記憶がある。

その後筆者は、東京の渋谷駅界隈で行われていたホームレス支援活動に携わるようになった。中でも渋谷駅近くのとある公園で、ホームレスの仲間[2]と一緒に毎週土曜日に共同炊事による炊き出しを行っていた。参加した皆で後片づけを終えた後はチーム分けし、渋谷区内外へのパトロール（＝夜回り）に出かけた。このパトロールは支援者と仲間が必ず一つのチームとなって周るものであった。パトロールのモットーは、「仲間の命は仲間で守る」（本章扉写真参照）。野宿状態の辛さやそれに至るまでのプロセス、路上での生き方等、生存にかかわるような大切な情報やノウハウは、誰よりも当事者が詳しい。パトロールは、いわば当事者としての自己防衛の実践であると同時に、同僚を守るための連帯行為なのである。パトロールで周る時は、いつも小屋やテント、あるいは路上で寝泊まりしている人に「先輩、お変わりはありませんか」と声掛けし、答えた人とはさらに話し込みをする。冬場はとりわけ体調の急変を訴える場合もしばしばあり、そんな時は救急車に同乗し、病院まで搬送することもあった。パトロール中にあった出来事にかんしては、参加者全員が最後に集まり情報を共有するようにする。支援者は活動を主導するというよりは、ホームレスの仲間が主体となって活動の中心を担えるよう、支えるような存在だった。

1　社会的不利地域とは、英語では「Socially Disadvantaged Areas」と表記される。可視的に判断できる途上国などのようなスラムやスクォッター地域等もこれに該当するが、私たちの生活世界から考えると、可視的な貧困、つまり物理的環境が劣悪な地域に加え社会的不利を被りがちな生活環境にある地域を示すことが多い。例えば第2章の図2－2で示したような地域のうち、様々な生の機会から遠ざかっている地域がこれに該当する。社会関係資本が乏しく周りを見渡しても孤立無援の高齢者や障がい者、母子世帯をはじめとするひとり親世帯、そして生活困窮状態にいる人びとが多く生活していることや、就業者が少なく、いわゆるロールモデル的な存在が少ない地域である。さらに差別的なまなざしで見られ、後に紹介する外国籍住民が多く居住する地域や旧同和地区のような差別の対象となる地域もこれに該当する。換言すれば、経済的な尺度だけでは判断が難しい地域として、その地域で居住や生活することによって生の機会に何らかの影響を被りがちな地域であり、そのような負の地域効果が、何らかの介入がなければ世代を越えて再生産される恐れもあることに注意が必要である。

2　当時、筆者たち支援者はホームレスの人びとに対し「ナカマ」あるいは「先輩」と呼んでいた。

2. フェイス・トゥ・フェイス(Face to Face)

パトロールにしても共同炊事にしても、主役はいつもホームレス当事者であった。支援者が当事者の声を代弁したり、当事者に代わって何かをやってあげる、あてがうというのはできるだけ避けるよう、いつも心がけていた。例えば、筆者の提案で、二〇〇一年の夏頃、公園居住者の生活ニーズ調査を行ったことがある。今までホームレス関連調査となると、当然のごとくホームレスの当事者は調査を受ける側に回されることがほとんどであった。しかし、この調査は調査する側にもホームレス当事者が入った(写真1－1)。

調査終了後、調査に参加したホームレス仲間からは、「今まで話もしたことのない隣のテントにいる仲間と話ができて良かった」、「自分よりもしんどい経験をされてきた人もいることがよくわかった」等、公園居住者間の横の繋がりが築かれたという意味で高い評価が得られた。そのような気づきあいのプロセスもあって、調査終了後は、同公園居住者たちは自ら「自治会」を組織し(写真1－2)、その後、公園居住者の生活衛生や環境改善に向けた様々な活動を進めていった。

例えば、公園居住者が自ら居住している公園の環境を理解し、どこに危険が潜んでおり、もしくは生活の不便を解決するためにはどこをどのように改善すべきかについて意見を出し合うためのワークショップを開催したこともある。これは山梨県にある民宿で行ったもので当事者と支援者が一泊二

写真 1-1　ホームレス当事者参加型調査の様子
出所：筆者撮影

写真 1-2　東京都渋谷区宮下公園の公園自治会結成の様子　出所：筆者撮影

写真 1–3　野宿当事者と支援者が共同で行った公園の環境改善のための１泊２日のワークショップ　出所：筆者撮影

日の日程でともに過ごしながら（写真1－3）で示したように、ただの言葉で述べあうだけではなく、できるだけ理解しやすいよう共有しやすい表現手法（マップづくりなど）等を使ってチーム分けをしたうえで開催した。

また特記すべきものとして、フェイス・トゥ・フェイス、つまり当事者間の交流を図ったことが挙げられる。

こうしたホームレス当事者との共同性の向上に向けた活動は、やがて国内外への当事者間の交流や連帯を図っていく取り組みへと進んでいた。それにはいくつかの理由があったのだが、やはり最も重要な意味としては問題を抱えている当事者こそ、その問題解決の主役になるべきである、という共通認識のようなものがあった。交流にかんしてもこれまでは当事者抜きの専門家中心ということが一般論のようになっていたように思われるのだが、当事者が語り合う機会を設けることによってエンパワーされていくプロセスにも繋がるのではということを筆者たちは皆考えていた。今でもそうした考えのまぶしさに刺激を受けている。

写真１－４・５・６は「ホームレス東アジア交流」と称し、後述する「居住の権利のためのアジア連合（ＡＣＨＲ）」による資金援助を受けて、韓国と香港、そして神戸で開催した当事者間の相互交流を媒介した当時の様子を収めたものである。

韓国での交流では、筆者がコーディネーターを務め、韓国のカウントパートである全国失職露宿者対策宗教・市民団体協議会（全失露協）と韓国都市研究所による協力を得て、現場訪問と当事者間の交流を行った。この時は東京と大阪から当事者が各一名渡航した。韓国のホームレス当事者に迎え入れられて路上での支援現場やシェルターなどを視察し、相互交流を行った。この時の経験は両国の当事者間の連帯を育む良い機会となった。日本から渡航した当事者が当事者主体の共同炊事や夜回り等の実践報告を行ったことが大きな刺激となり、その後韓国の現場でも同様の取り組みが生まれる大きなきっかけとなったことは特筆すべきと思われる。

香港には東京と大阪から支援者と当事者が各一名参加し、香港の支援団体である「香港社区組織協会（ＳｏＣＯ）」による案内で路上での交流を行った。ＳｏＣＯにかんしては第３章の中でも触れることになるが、ＳｏＣＯはホームレス当事者をはじめとする貧困者の支援活動を行う組織で、若いソーシャルワーカーの献身的な活動がまぶしかった。

写真 1–4　ホームレス東アジア交流の様子
日本から当事者と支援者が韓国を訪れ、韓国のホームレス支援の現場を訪問しながら当事者や関係者と交流を行った。これらの関係者とは現在も東アジア包摂都市ネットワークを通して交流が続いている（第3章5節参照）。　出所：Yoshida Katsumi 氏撮影

写真 1–5　香港で行ったホームレス東アジア交流の様子
手前の最前列が当事者、前から3番目が筆者。後列も当事者と支援者が並んで立っている。

ホームレス東アジア交流　日本に学べ　仲間意識

韓国、香港の野宿者ら来阪

市民の冷たい視線／手薄な行政支援…驚きも

写真 1–6　韓国と香港から当事者と支援者が来日され、大阪と神戸で交流を行った際の様子（2001 年 7 月 20 日　読売新聞）
香港での交流に次いで行った神戸での交流は読売新聞大阪版にも取り上げられた（2001 年 7 月 20 日付）。神戸ではワークショップ形式で開催され、参加した香港の当事者が路上生活の厳しさについて発表した様子が掲載された。

3. 当事者の声を聴く

話を少し元に戻し、先述したホームレス当事者参加型調査の内容を紹介しよう。まず調査から聞き取った当事者の声を紹介する。

当時の調査では、以降に紹介する聞き取り調査の他、写真1－1で示したように当事者による質問紙調査も並行して行った。しかし、やはりそこから得られた数字だけでは、このようなホームレス当事者によるコミュニティの営みを読み取ることは限界があり、こうした意味でも以降のようなインタビュー調査の意義は大きいと思われる。

ここでは、どのような形でホームレス仲間同士の相互支援型の住居建設が進められてきたのかを分析するため、具体的に何人かのホームレス当事者に対する半構造化インタビュー調査を行い、実際に住んでいる小屋の平面図を作成してみた。インタビューの項目としては、①この公園に住みつくまでの経緯、②住居建設の折に他のホームレス仲間から手伝ってもらったこと、③ホームレスコミュニティとしての将来性・共同再定住などにかんする意向、を聞いてみた（以降の年齢は調査当時の年齢である。またここで紹介する小屋の写真等は調査当時のもので、現在はこのような住まいはなくなっている）。

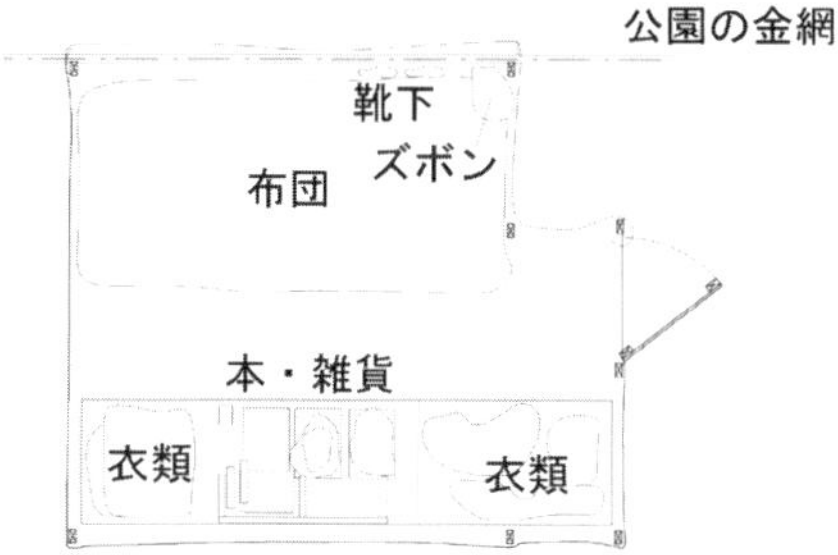

図1–1（上）　S住居の平面図
写真 1–7（左）Sさんの住居

（1）Sさん（二〇歳代）、秋田県出身

1）経緯

横浜で仕事をしていたが会社がつぶれてしまい、他の仕事を探してみたが見つからなかった。その後、約一年前に新宿駅、（新宿）中央公園、渋谷辺りをうろうろしながら過ごした。それから宮下公園のベンチで一～二ヶ月間過ごした。今年（二〇〇一年）に入ってからテントをつくった。初めは下に段ボールを敷いて、ブルーシートを被せただけだった。

2）手伝ってもらったこと

その後、隣に他の仲間が小屋を建てたが、そこでは仲間たちがよく集まって酒を飲んでいて、それに誘われるうちに親しくなった。そこで、たまたま「小屋建てないの」と聞かれ、「建てたいけど、材料がないから」と答えたが、その時他の仲間から手伝ってもらうことになり、建て直すことができた。

ブルーシートや、ベニアなども他の仲間からもらった。道具も貸してもらった。仕事で大工、溶接などはやっていたから、材料さえあれば建てるのに問題はなかった。柱などは拾ってきた。

3）コミュニティの将来性・共同再定住などにかんする意向

この辺りの仲間と一緒に住めるのであれば、どっちかといえば一緒に住みたい。仕事として建設関係の協同組合をやっていきたい。今後のコミュニティづくりについては、必ず公園周辺に住んでいる一般の住民とのつきあいを考えながらやっていかなければいけないと思う。理解してもらいたい。嫌だといわれてしまったら、また問題になるから……。寿の夏祭り[3]の時、周辺の住民と一緒になってやっていたという話を聞いてうらやましかった。

（2）Iさん（六〇歳代）、埼玉県出身

1）経緯

名古屋、大阪、千葉、盛岡、福島など飯場を転々として住んでいた。それから仕事を断られて新宿にたどり着き、ずっと新宿で過ごした。新宿の京王線西口辺りで、八年くらい過ごした。それから東京都児童会館に来た。その時は炊き出しもやっていなかった時期だった。東京都児童会館に一一年間いて、宮下公園に住みつくようになった。

写真 1-8（上）　I さんの住居
図 1-2（右）　I 住居の平面図

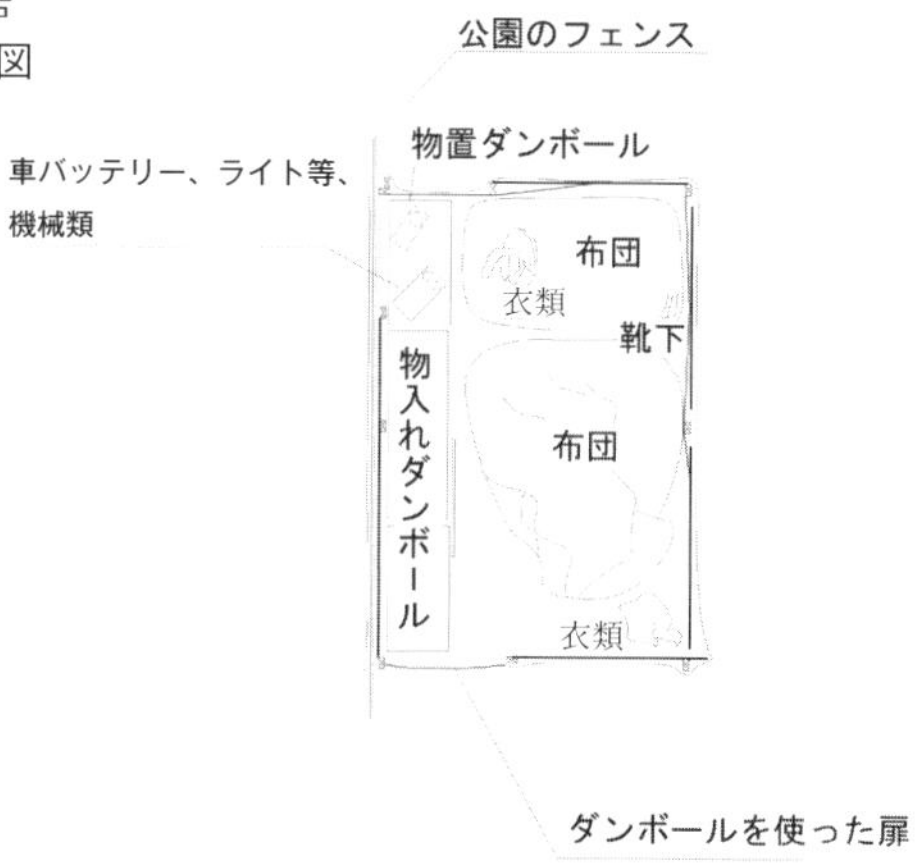

2）手伝ってもらったこと

以前他の人が住んでいたところに住みついたからほとんど手伝ってもらったことはないが、最初宮下公園に移ろうと思った時、Eさんがよく相談にのってくれた。他には日常生活で仲間のみんなと食事などをしている。「ツジヤ」と名づけた集まり場所でみんなとの共同炊事の時、食事をす

3　横浜市に位置する寿町には、東京の山谷、大阪のあいりん地区（通称、釜ヶ崎）などのような大きな寄せ場（ドヤ街）があり、日雇労働者や仕事にあぶれて野宿せざるを得ないホームレスの人びとが、この地域を中心として多く生活している。これらの人びとを支援する団体も多くあり、毎年夏になると、地域住民を交えて祭りを開催している。宮下公園のホームレス居住者もこのような各地域で開かれる夏祭りなどに参加したり、自分たちの公園でも祭りを開くなど、他のホームレス仲間との交流を深め、それを通じてお互いに励ましあいながら生き延びていけるような自主活動を行っていた。

写真 1–9（上）Mさんの住居
図 1–3（右）M 住居の平面図

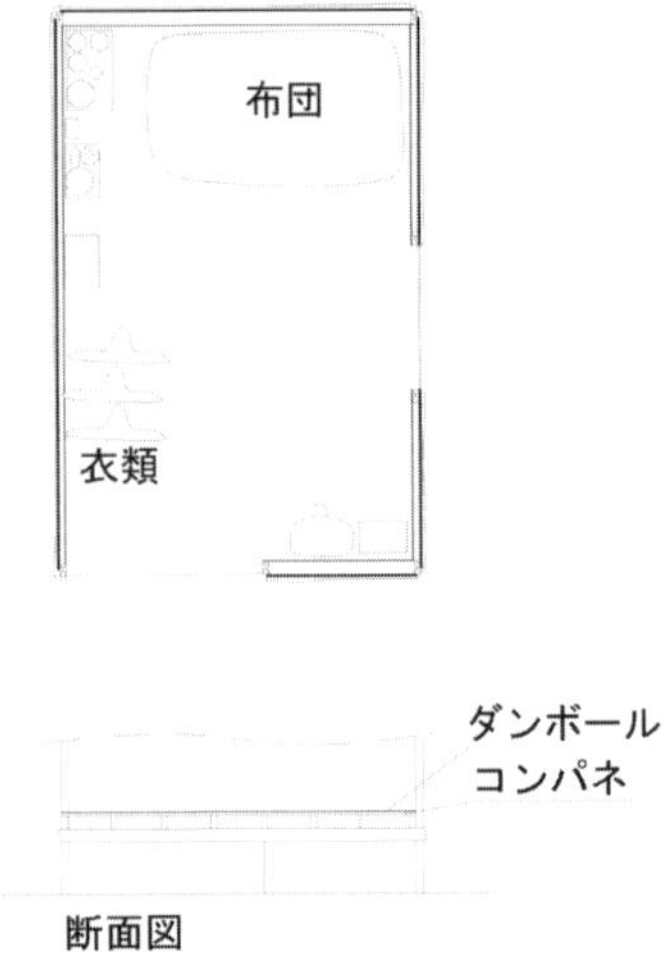

る。他にもWさんの住んでいる所にも行って食事をしたり、話し合ったりしている。

3）コミュニティの将来性・共同再定住などにかんする意向

ここの公園のほうが良い。住み慣れたところが何よりも好きだ。馴染んでしまうから……。なるべく住み慣れたところに住みつづけたい。

（3）Mさん（四〇歳代）、東京都出身

1）経緯

飯場から仕事にあぶれて、去年（二〇〇〇年）四月から新宿で過ごしていた。新宿では中央公園にいたが、段ボールハウスをつくって過ごした。そこで住んでいた時に、友達である（二～三年くらい

のつきあい）Tさんから宮下に来て一緒に住もうと誘われた。どうせ新宿にいてもエサ[4]とかでどうしてもこっち（渋谷）に来るから、Tさんと相談してくるようになった。Tさんを通じて既に公園に住みついている他の仲間とも知り合い、小屋をつくる場所を紹介してもらった。

2）手伝ってもらったこと

材料はほとんど拾ってきた。（工事）現場の前に捨てられているものを持ってくるのだ。建てる時は、床を上げることから、ほとんど手伝ってもらった。特にTさんが多く手伝ってくれた。彼は専門（大工屋）だから……。

シートを張るのも一人ではなかなかできないし、力がかかる所が多いので、仲間からの手伝いなしにはつくり切れない。

3）コミュニティの将来性・共同再定住などにかんする意向

Tさんや、（誰でも）一緒に住みたい人が行くならば良い。仕事ができる所が良い。金貯めて住める所。アパートでも構わない。

4　当事者たちの間で使う隠語で食べ物を指す。

写真 1–10　E さんの住居

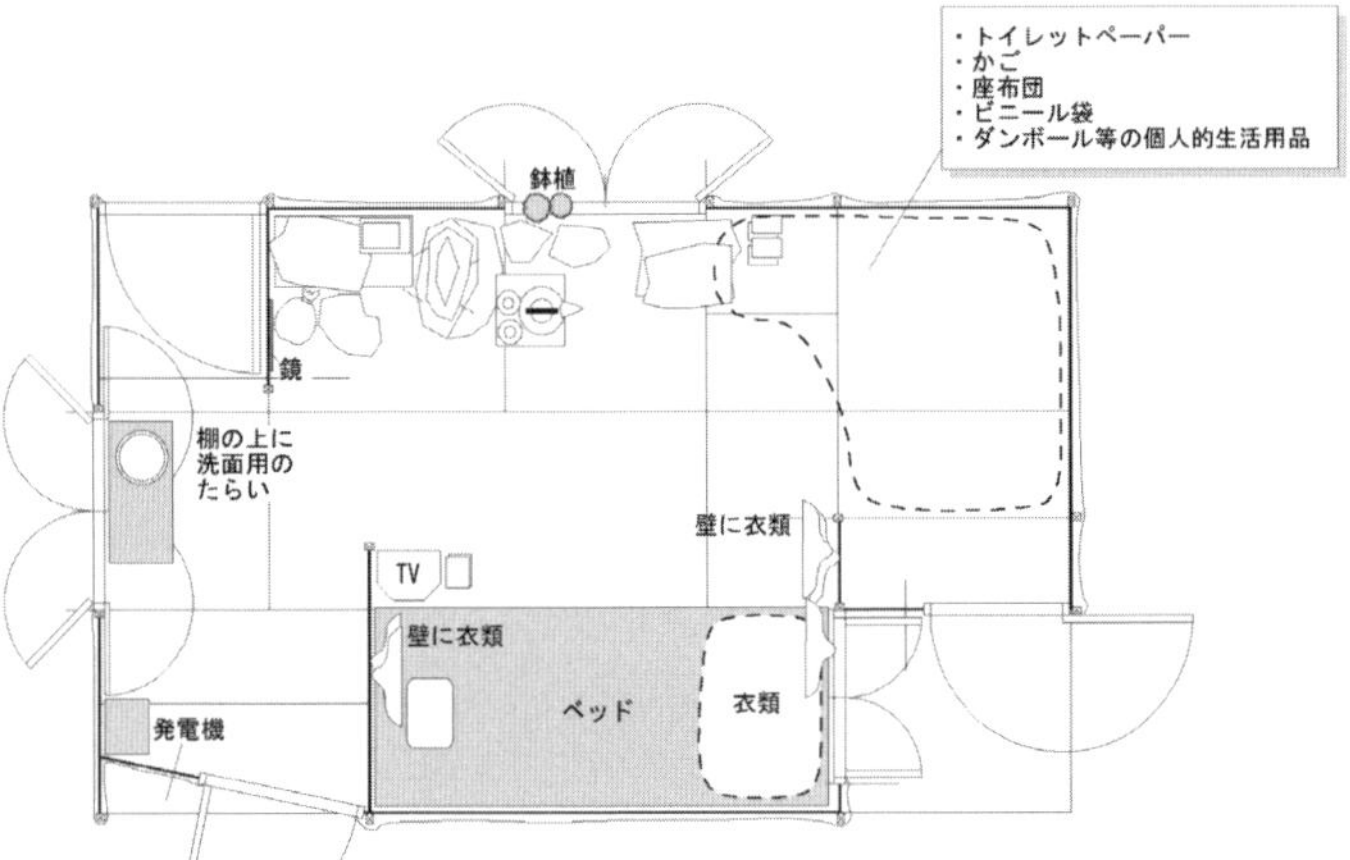

図 1–4　E 住居の平面図

（4） Eさん（五〇歳代）、東京都出身

1） 経緯

（二〇〇〇年）一一月二五日から一〇日間くらい、（国道）２４６号沿いのビルのピロティにいた。一二月初めの（ホームレス当事者が主体に行う支援グループ）パトロールの時に東京都児童会館を教えてもらった。児童会館に行けば、他のホームレス仲間とともに寒さを凌げるような寝床が用意してあることや、困っ

た時に区の福祉の窓口を利用する方法、また炊き出しがあることなどの情報についても教えてもらったため、一二月一〇日前後に移った。次の月曜日、福祉事務所に行って乾パンをもらった。その前までは二日間水しか口にするものがなかった。その後、今年（二〇〇一年）一月一七日まで東京都児童会館で過ごした。越年活動参加をきっかけに、既にこの公園（宮下公園）に住みついていた四〜五人のホームレス仲間と顔見知りになり、その後は東京都児童会館にいながら公園のホームレス仲間の住みかを訪れたりしていた。ある時、その仲間たちと話し合って、移って住むならば「ここが良いんだけど」と話した。

2）手伝ってもらったこと

次の日に行ってみたら、その仲間たちが土地をきれいに整地してくれていた。その後もすべて他のホームレス仲間の手伝いで住居を建ててもらった。そこに住みつくことになったが、公園のホームレス仲間の自治会の必要性を痛感し、自分が移り住んでいた所を仲間の集まり場にして、自分が住む小屋を新しく建てようとしたが、その時もおよそ九名の他の仲間から手伝ってもらい、新しく住居を建てることができた。

材料は、下に敷くパレット、コンパネ、床材のフローリング、アルミの柱七本と針一本などを拾ったりもらったりして用意した。大体、駅周辺の解体現場からもらってきた。戸ももらってきた。その他は、その時少しお金を持っていたので買って用意した。一番費用がかかったのは窓枠の板であった。

手伝ってもらったところはほとんどであり、大工、一級建築士、壁紙張り屋、左官屋など、各種経験や技術を持っている仲間が多いので、戸や屋根は誰々が担当するなど、すべてがすんなりとできあがった。

3）コミュニティの将来性・共同再定住などにかんする意向

隣近所のつきあいができる空間があるところが良い。緑があるところも良いな。ここで悪いのは便所、水道、電気がないこと。コミュニティをつくっても夢がないといけない。夢は仕事だ。「梁山泊」[5]が主体となってみんなでやっていきたい。みんなで共同で仕事しながら生活する。仕事をやるとしても、例えばアルミ缶拾いにしても、今は行きたい時に行って、集めたい時にやるくらいだけど、ちゃんと仕事として、夜中に行くんじゃなくて、朝九時に行って、五時にあがるということもあるから、もっと営業できる形で……。会社で仕事を取って派遣するとか。ここはプロフェッショナルの集まりだ。悲観的なものは何もない。「梁山泊」が主体となり、住みよく、安全で、今以上の向上性のある住環境を作り上げていきたい。月一回の交流会、それを通して人びととの交流をさらに深めていきたい。仕事は組合方式でやっていく。単独でやると仕事は得にくい。再定住に際しては、行きたいと思っている人が主な対象になれば良い。

4. 水平交流の推進

筆者たちが東京で行っていたホームレス支援活動は非常に特徴的であり、当事者の自己決定権や当事者自らの生における主体性の向上（Capacity Building）に相当力を注いでいた。例えば、定期的に東京・名古屋・大阪間では当事者と支援者が一つに集まりソフトボール大会をするなど、相互連帯を通じた当事者の組織化を支援してきたのだ。一方、当事者間の連携という面で画期的な試みが二〇〇一年に行われた。それは、先述したタイのバンコクに本部を置く居住の権利のためのアジア連合（ＡＣＨＲ）からの資金援助による、「ホームレス東アジア交流会」であった。ＡＣＨＲは、専門家や技術官僚（テクノクラート）のようなエリートによる技術援助ではなく、自らのニーズに最も詳しい当事者間の経験交流（Face to Face）を支援し、関係交流を通じた学習プロセス（Learning Process Approach）から問題解決にたどりつくような開発アプローチを支援してきた。ＡＣＨＲは、その一環として東アジアの先進都市が共通して抱えるホームレス問題への交流プログラムを支援したのだ。

当時国内では、先述したように東京・名古屋・大阪の三大都市の当事者と支援者間に交流経験の蓄積があった。その上、さらに先述したように日本・韓国・香港との相互訪問プロセスを支援し、三ヶ

5　梁山泊とは、二〇〇一年一〇月五日に立ち上げた宮下公園居住者の自治会名である。

写真 1-11　名古屋市内千早の高架下に設置された韓国の仲間を迎えるための迎賓館
出所：筆者撮影

写真 1-12　歓迎のメッセージを書いたプラカード　出所：Yoshida Katsumi 氏撮影

写真1−13　設置された迎賓館こと仮小屋の中で行われた訪日メンバーとの意見交換会　出所：Yoshida Katsumi 氏撮影

国・地域の当事者間の経験が共有されることになったのだ。交流プログラム終了後、香港や韓国ではホームレス当事者団体がつくられ、当事者主導による自主的なパトロール（夜回り）が始まったという連絡を受けたりしたことは最も印象に残るエピソードである。

つまりこれは言い換えると、水平交流（horizontal exchanges）によるプロセスの結果、ホームレス当事者が支援を受ける「対象」から問題解決のエージェントとして堂々と立ち上がることができたことの証左ともいえるのではなかろうか。

写真（1－11・12・13）は、名古屋で開催した日韓のホームレス当事者及び支援者間の交流の様子である。名古屋市内の高架下にある公園に「迎賓館」という仮小屋を急造し、そこを拠点として交流を行った。今からは想像もできないが、当時は当事者も支援者も熱い思いに突き動かされていたように思われる。

こうした交流は、一方通行的な教育や訓練、社会への適応や再参加を強要するようなものではなかった。むしろ当事者の経験や語りから学び合うことを通じて当事者自らが変化や実践の主体として立ち上がっていくことを支援していく、今話題となっている表現でいうと「伴走型支援」ということになるかもしれないが、筆者はそれよりはむしろ「コミュニティオーガニゼーション」という表現が最も相応しいのではないかと考えている。つまり、支援をする・されるという二分法的な区分ではなく、あくまでも当事者の主体性や自己決定権を尊重し、それらによる変革を導くための支援の手法として実践を考えていた。これはある意味「エンパワーメント」ともいえるかもしれない。開発分野の概念で「参加型開発」というのがあるが、それを実現するためにはこれまで現場を仕切ってきた専門家に代わり、当事者に指揮権を渡すこと（Putting the Last First）が大切であるといわれている。またもう少し踏み込んで考えると、そうした変革が行われるために、当事者を取り巻く環境や関係者自身が変わっていく、つまり変わるのは当事者ではなく、われわれの社会なのである。

筆者は、研究もまた同様だと考えており、それをここでは「アクションリサーチ」の手法として提示したい。これから紹介する数々の実践に、筆者は研究者として、つまりアクションリサーチャーとしての心構えを常に携えながら取り組んできた。どんな研究でも、単なる知識の搾取でも研究者の成果の発信だけでもなく、できるだけ当事者に参加してもらい、そこから得た知見を彼ら・彼女らの現場や生活に還元していくということを意識しながら調査を実施してきた。それは指揮権を渡すだ

写真 1–14　笹島団結ソフトボール大会の様子　出所：筆者撮影

けに留まらず、当事者が主体となるような実践（Putting the First Last）を可能にさせる。そしてそこから得た知見を当事者が自ら学習しながら実践に移していくことが大切だと考えている。

5．おっちゃんが販売する雑誌――制度を変える制度を創り出す

筆者が名古屋を訪れたのも、先のホームレス交流に支援者として参加したことがきっかけであった。その後、国内では毎年のように東京・名古屋・大阪の当事者・支援者間の交流としてソフトボール大会（写真1－14）が開かれ、毎春名古屋の鶴舞公園に集まっていた。その後、二〇〇五年六月より名古屋にある日本福祉大学に研究員として勤務することになり、それを機に筆者の名古屋でのホームレス支援活動は、新たな出会いを通して展開することになった。

これまで名古屋市では、夜回りなど様々な団体によるホームレス支援活動が行われてきたが、『ビッグイシュー（以下、ＢＩ）』

販売を支えるような仕組みは育たなかった。東京同様、名古屋でのホームレス支援活動は、多くは毎週土曜日の夜に行われる夜回り活動への参加からなっていた。名古屋駅界隈の栄、若宮公園・白川公園、久屋大通等に分かれ、ホームレス仲間を中心に支援者が手伝いに加わり、深夜○時を回るまで夜回り活動が行われた。当時、筆者は支援活動にかかわりながら、東京で見たＢＩのことを思い出した。そこで、名古屋駅や栄等で夜回り活動等を展開してきた「野宿労働者の人権を守る会」[6]を中心に、ホームレス自身による『ビッグイシュー』の販売を、彼ら・彼女らにとっての選択肢の拡大の一つとして捉え、「ビッグイシュー名古屋ネット（以下、ＢＩＮ）」の結成を推進することを提案した。筆者は、夜回りや炊き出しなど、生活防衛のために必要な活動も重要ではあるが、ＢＩのような、ホームレス当事者が仕事を通じて収入を得て資産を形成することや、社会再参加の機会をつくるという支援も、当事者の選択肢の拡大という面で大切であると考えていたのであった。しかし、それを話しても当時の支援団体所属のメンバーの反応は良いものではなかった。「名古屋は外部に対して開放的とは言い難い土地柄で、新しいものはなかなか根付かない」と、支援者から言われたこともあった。それにもかかわらず、名古屋でＢＩを販売するようになったのは、一人の仲間との出会いがあったからであり、それはサカモトさん（仮名）だった。夜回りを一緒にしていたサカモトさんに雑誌を見せ、販売

６　「野宿労働者の人権を守る会」は、名古屋市で野宿者（ホームレス）の生命・生活を守り、野宿者同士及び野宿者・支援者間の交流を深め、ネットワークを作り出すために、主に夜回り活動を中心に炊き出し（協同炊事）・福祉行動などの支援活動を行っているグループである。（http://d.hatena.ne.jp/homeless758/）。

写真 1–15　ビッグイシュー販売希望者向け説明会（2006 年 2 月）

写真 1–16　ビッグイシュー販売希望者向け交流会（2006 年 3 月）

写真 1–17　ビッグイシュー販売希望者向け交流会（2006 年 3 月）

出所：すべて筆者撮影

写真 1-18　名古屋市役所にて記者会見（2006 年 4 月 12 日）

写真 1-19　ビッグイシュー販売開始（2006 年 4 月 15 日）

写真 1-20　1 周年記念集会（2007 年 4 月 14 日）

出所：すべて筆者撮影

の仕組みについて説明すると、「それならやってみたい」と言ってくれたのだ。その後、筆者は大阪の北新地駅近くにあるＢＩ本社を訪ね、単刀直入にＢＩ日本の佐野章二代表に名古屋での販売可能性について相談し、その後準備過程を経て、二〇〇六年四月一五日から名古屋でのＢＩ販売が始まることになった（写真1－15・16・17参照）。

発足以降も試行錯誤の連続だったが、幸いに現在も活動が続いている。これまで続けることができたのは最初の一人であったサカモトさんが話してくれた以下の一言のおかげだと考えている。「今は自分一人しかいないけど、自分の後に仲間の人びとがついてきてくれることを期待しています」。

まず販売希望者向けの説明会を開き、約二ヶ月に及ぶ準備期間を経てようやく二〇〇六年四月一五日に販売を開始した。最初は三人でのスタートだった。その後多くの新聞や放送局などメディアからの取材によって名古屋でのＢＩの認知度を広げることができ、現在も多くのボランティアと販売員が協力して運営を行っている。最初は事務所もなく、受け渡しの際にはボランティアが毎日順番を決め、販売員の販売場所に雑誌を持って行き受け渡しを行うなど、困難な点も数多くあった。そして多くの学校や団体から講演依頼があった時は支援のスタッフと販売員がともに参加し、ＢＩ活動の意義を紹介しながらより多くの社会からの理解が得られるよう努力してきた。

こうした中で活動を展開してきたＢＩＮだが、その最も大きな特徴として筆者は次のようなことが挙げられるのではないかと考えている。これはおそらくＢＩＮだけに当てはまるというよりは、社会的企業としての「ビッグイシュー日本」全体の特徴でもあるかもしれない。

まず、第一は「新しい社会参加のモデル」ということである。つまり、ビジネスというアクションを通じ社会との接点が拡大されている。それは販売当事者だけに限るものではなく、支援者や一般市民においても同じである。つまり、市民も販売員から雑誌を購入する行為だけでホームレス問題に参加することができるという意味がある。今までにホームレス問題というと、日常生活からは遠い話であって気軽に近寄れる問題ではなかったのが、一冊の雑誌の購入によってそのような関係が逆転し新たな出会いが生まれ、ホームレス問題における関係の質の変容が起こるのである。そのような意味でBＩはより多くの社会参加を拡大させる機能を果たしていると考えられる。

ホームレス当事者からも、BＩの仕組みは非常にわかりやすく、自分の都合に合わせて仕事ができるため「これなら自分でもできる！」という声が上がっており、参加しやすい仕組みとなっている。あまり難しく考えなくても参加できるのが評判となっている。次に販売員となった人たちの感想を紹介する。

最初は不安な気持ちで販売していたのですが、お客様と会話などしたり、また時には冗談を言ったりしてなんとか楽しく一日を送ることができています。時々「がんばってくださいネ」「体に気をつけて木」など励ましの言葉を頂いて、私もこの言葉に力づけられて、少々困ったことがあってもがんばらなければという気がいたします。

【ビッグイシュー名古屋ネット通信8号：現役販売員T氏】

栄のバス停の近くで生活していたのですが、周りにたくさんの仲間がいても実は正直怖くてあまり話もかけずにいたそうです。最初、販売の決心をした時、本当にお客さんがやってきて買ってくれるか心配だったそうです。なぜならば自分は長らく外での生活をしてきたので他の人への警戒心が強く、他人を見ても少し怖い気がするし、ましては自分の顔を見ても何気なく話をかけてみる気持ちにはならないからだと言っていました。しかし、その一方では自分のことについて打ち明けて話したい、人の話も聞きたいという切実な熱望も心の隅にはあったのではないかと語ってくれました。『ビッグイシュー』に対しては、販売ももちろんですが、この販売を通じてたくさんの人との出会いが生ずることへの期待感も強いように見えました。警備会社だけで三〇年間勤めてきて、そのフレキシブルな雇用構造の下で人の都合によってこき使われてきたこれまでの職歴についてはうんざりしていたので、この新しい仕事（「ビジネス」）に対する期待感はむろん、抱負をも持っているように見えました。

【元販売員M氏からの対話より抜粋（二〇〇七年三月）】

障がいを持った方が介護者と一緒に来てくれて雑誌を買ってくれました。しかし、ご自分の手でお金を払いたいとわざわざ手を差し伸べてくれたのが最も印象に残ります。また親子連れの家族がいましたが、小さなお子さんが走ってきて一冊下さいと笑いながら買いに来てくれてとても嬉しかったです。

【ビッグイシュー名古屋ネット現役販売員T氏による講演会での発言より】

次に「機会の促進」を挙げることができる。これは、BIでの活動が経済機会と収入の拡大（資産構築）に繋がることを指す。その他、BI販売をきっかけに他の仕事に就いた場合や、スタッフの支援により生活保護の受給に至り「半福祉・半就労」のような形で畳の上で生活できるようになったなど、様々な面においてホームレスの人びととの機会の促進に資したことは特記すべきことである。ホームレスの人びとは仕事がいやで怠けているのでも、甲斐性がないからこのような生活を送っているのでもなく、様々な背景や個性を持つ人びとを包み入れる力を失ったこの社会の中心からいやおうなしに押し出されてきた人びとである。彼らは、社会の主流の仕事から使い捨てられ、今はセーフティネットという制度からも排除されたまま、その辺境にしか生きる場を求められなくなっている。したがって、問われるべきは、実は彼・彼女らではなく、その人たちを社会の辺境へと追いやった我々の社会の方である。

とは言いながら、彼ら・彼女らは人目につかないところで立派に働いてきた。実際BINの販売員もこの仕事に携わる前までは、一夜をアルミ缶集めで過ごし、明け方にはそれを売るために出かけるような仕事をしていた。彼ら・彼女らにとって、このBIを通してより正々堂々と白昼に人前での仕事ができるようになったことはBIの持つもう一つの大きな機能である。販売員は、これを単なる自分への寄付行為ではなく、また適当に立って過ごしたらお金が入るという意識でもなく、自分の仕事として誇らしく思っている。なおかつ、これをきっかけにお金を貯め、自分が選んだ自立の道を進めたいと思っている。

私、個人的な考えではありますがビッグイシュー販売は私の仕事だと思っています。自分で専業もしたし、また色々な会社にも勤めましたが、私はビッグイシューの販売が大好きです。
【ＢＩＮ通信5号：Ｈさん】

何よりも自分が「仕事」をやっている、という気持ちがするからです。……もう少し落ち着いてきたらお金を少しずつ貯めていきたいです。
【ＢＩＮ通信6号：Ｙさん】

ホームレス生活ももう五年くらいですが、これでお金を貯めて安いアパートでも借りることを夢見ています。もし物件についての良い情報をお持ちの方は是非ご紹介ください。
【ＢＩＮ通信13号：Ｋさん】

以上のような特徴を有するＢＩであるが、これはまさにホームレス状態という極限的な社会的排除問題に抗い得る「新しい社会参加の接点」や、「経済的・社会的な機会の拡大」に大きな機能を果たしているという点で注目に値する。しかし、まだ様々な課題が残っているのも事実である。ＢＩという新しいビジネス・ツールを用いた「自立型福祉システム」の可能性をより実現させていくために、次のような課題は必ずクリアしていかなければならないであろう。

まず、安定的な財政と組織基盤の構築が必要である。つまり事務所の家賃をはじめ安定的な運営資金を確保することは非常に重要な課題である。

次に人材確保と人材養成である。販売員の確保ももちろんであるが、受け渡しを安定的に行うためのボランティアの確保が緊要である。それには何よりもこの活動を全体的にコントロールできる常勤のスタッフが必要であるということをも意味する。その人材を中心に新たなボランティア人材の養成や、一般社会に向けた講座の企画などが行われ、さらに多くの人びとに活動を理解してもらい参加できるようにしていくことが必要なのだ。なおかつそのような理解を得る上で、より積極的な広報活動を充実化していくことも求められる。このような地道な活動は、ホームレスの人びとの社会参加を支援するのみならず、一般社会からの働きかけを促すような仕組みの構築（包摂型社会）へと、相互関係の質の有様を変化させていくこととなるのであろう。

研究生活は孤独な闘いとも思われるし、場合によっては現実から離れたところで地についていない学問にもなりがちである。しかし、これまで紹介したように、筆者が最も関心を持っている研究の手法は、アクションリサーチとも呼ばれるものである。つまり、研究者は、自分の学問や調査手法等をツールとして持ち、自分をはじめ社会を変えていく礎を築くため社会に介入していくことを通じて、より人間らしい社会や生活空間を切り拓いていくことに資することも可能なのである。

第2章

住まいと地域へのアクションリサーチ

ソウル市郊外にあるスクォッター地域。通常「ビニルハウス村」と呼ばれ住所の設定もできないため多くの不利を強いられている。向こう側に鮮やかに見えるのはタワーマンション。居住不平等の様子が歴然と現れている。

本書に登場する事例は、比較的に住まいと地域に関連したものが多い。それははしがきでも述べた通り、筆者の関心のはじまりというかアクションリサーチの原点が、立ち退きを迫られているスラム地域での生活や活動の経験によるためでもある。そこでここではそうした住まいや地域がどのような形で貧困や社会的排除に関連して語られることができるのか、その理論的なアプローチについて整理してみることにしたい。

1. 貧困か社会的排除か

まず本章では社会的排除を断ち切るためのある種のカウンター概念として考案されてきた「社会的包摂（Social Inclusion）」を切り口としながら、地域課題に取り組んでいくための理論的な整理を行う。そのために、まずはじめに、本章の課題にかかわる基本的な用語の定義について押さえておくことにしたい。

最初に、「社会的排除」である。これは、欧米諸国を中心に一九七〇年代のオイルショック以降始まる経済社会的な変化の中で既存の貧困概念では説明されがたい新たな貧困問題の登場に対し、問題の所在を同定して対策を打ち立てるために有効な概念として考案されてきた。では、新たな貧困問題とは何か、それは、大きく分けると以下の二つの問題からなる、従来の貧困問題とは異なる貧困のあり様を表したものである。一つ目は、一九七〇年代初めのオイルショックによる、全世界的な経済的恐慌をはじめとする経済的な変化や、その後の産業再編に伴う失業問題や、長期失業者の増加等による格差の拡大等によってもたらされた「社会的二極化（Social Polarization）」の問題である。そして、二つ目は、人口の高齢化、離婚等によるひとり親世帯や非婚等による単身世帯の増加によって、従来のような家族やコミュニティが機能不全に陥ることによる「社会人口学的な変化」を挙げることができる。こうした二つの新たな社会問題によって、これまでの貧困問題としてみなされてきた、所得や物質的な欠乏といった伝統的な貧困問題とは異なる、「新たな貧困（New Poverty）」という概念が注目されるようになったのである。そのような社会問題を背景に、その後のＥＵ統合の政策プロセスの中で政治力を持つ概念として登場したのが、「社会的排除」だった。

以下では、社会的排除概念の歴史的な展開について考察を行った上で、当該概念の含意や有効性について論じることにしたい。

1（次ページ）都留（二〇〇二）によると「排除」概念は、フランス人の社会心理に合致する用語であって、それは一九世紀末にフランスが生んだ社会学者であるデュルケム社会学の社会システム論と社会統合論の影響と思われると述べている。そのため、社会・経済状況の分析に「排除」を用いることを批判するものはデュルケム社会学に疑義を呈する場合が多いようである。デュルケムによると、近代社会、または国（nation）のあるべき姿は「有機的な連帯（solidarité organique）」または「社会的紐帯（lien social）」で結ばれた社会であり、そのためには各個人が社会のそれぞれの領域でその機能の不可欠な要素（有用なもの）として参加していなければならないとしている。その影響により、フランスでは社会諸施策の評価基準の一つとして、「社会への帰属」、「社会的結合」の如何が問われてきたのである（都留、二〇〇〇：二〇〇二）。

2. 社会的排除概念の歴史的な展開

排除概念[1]が社会的に適用されるようになったのは、フランスのシラク政府の官僚だったルネ・ルノワールによるところが大きい。彼は、一九七四年に刊行した『排除された人びと（*Les exclus*）』という著述の中で、排除された人びと（The Excluded）が当時フランス人口のおよそ一〇％に及んでいると述べている。さらに、そのように排除された人びととは、当時の社会保障によって保護されなかったひとり親世帯や障がい者、児童虐待の被害者、薬物濫用者、非行者等のような、今でいう社会的弱者によって構成されると述べている（Silver, 1994）。その後、一九八〇年代半ばには「社会的不利（Social Disadvantage）」というカテゴリーが追加されるにつれて、一九八〇年代には、フランス[2]だけではなくヨーロッパにもこの用語が広範囲で使用されるようになった。それに従い、単なる雇用問題だけではなく、家族機能の弱体化によってもたらされる社会的関係の不安定性の増加や、労働組合の後退に伴う階級連帯の弛緩についても扱うことになった。

一方イギリスでは、タウンゼントが相対的な剥奪の客観的な状態として貧困を再定義したが、それについて彼は、「社会の正常的な生活に参加するための十分な資源が欠乏している人びとの水準」であると述べ、貧困の関係的な概念に注目している（Townsend, 1979：31）。タウンゼントは「社会的排除」という用語を直接的に使用することはなかったが、彼の主張の趣旨を理解すると、貧困は社会参加からの排除によってもたらされる、というものであった（Levitas, 1998; Spicker, 1998）。[3]

アメリカでは、アンダークラスにかんする議論を中心に展開されたが、不利益を被っているグループに対する憶測的な特徴と行為を強調する点において、非常に異なる様相を示している。社会的排除のプロセスに対する近年の言説の中では、困窮状況そのものに対しアンダークラスに責任がある

2　社会的連帯主義を強調しているフランスの場合、個人と社会間の「連帯」が崩壊した排除現象そのものを重視しており、イギリス・アングロサクソン系の自由主義価値を重視している国家では、排除をアンダークラス（Underclass）の延長線上で考え、克服の方法として公平な「機会」の提供を掲げている。また、スウェーデンのような社会民主主義のイデオロギーを重視している国家では、「不平等」を社会的排除の重要項目として評価している。都留は、フランスでは「社会的排除 Exclusion Sociale」よりも「排除 Exclusion」が通常であり、前者はＥＵ絡みの政策において、限定的に使用されていると見ている（都留、二〇〇二）。

3　スピッカーはタウンゼントの主張をさらに四つに分けて解釈している（Spicker, 1998）。第一にタウンゼントは貧困を資源の欠乏の結果として見た。第二にそれに関連した標準は社会的に決定される。第三に貧困の結果、人びとが社会に参加することが妨げられる。そして最後に、それは排除の形で現れるというように解釈し、タウンゼントの貧困概念における関係的性質の特徴を提示している。

4（次ページ）　一番目のヨーロッパ反貧困プログラム（一九七五－八〇）では、貧困と反貧困政策にかんする九ヶ国の報告書が刊行されることとなり、いくつかの国ではそれが新たな国家的な論争に拍車をかけることになった。二番目の反貧困プログラム（一九八六－八九）においては、各国における低所得層にかんする比較データをつくるため、世帯家計調査（Household Budget Surveys）の活用に関連する各国の統計事務所との論議が始まった。三番目のプログラム（一九九〇－九四）では、社会的排除と闘うための政策にかんする、いわゆる「観測機構（Observatory）」と呼ばれるものが設立された。また、比較国家研究のために利用可能なデータが蓄積されるようになってきた。欧州委員会（European Commission）の統計事務所であるＥＵＲＯＳＴＡＴは、国家社会統計（世帯調査に関連した）の役割を増大した。ＥＣは、貧困への進入と脱出にかんする世帯の動きを調べるための強力な手段を提供するヨーロッパ共同体世帯パネル調査（European Community Household Panel Survey）を始めた。そして一七ヶ国以上から比較可能な四〇余りのマイクロデータを取り集めることによって、このプロジェクトは世帯所得と社会的保護と租税政策に対する比較国家研究のための国際的な基準を提供した。これらのプログラムの進行過程では、社会的不利（Disadvantage）という用語の含意も多様化された。「貧困（Poverty）」は、一番目と二番目のプログラムにおいて中心的な地位を示していたが、それと対照的に三番目のプログラムでは「最も権限を有しない人びと（Least Privileged）」の統合と関連付けられた。その際に、そのプログラムは事実上「社会的排除」という用語として出発することになったのである（Room, 1995ab）。

表 2-1　貧困と社会的排除関連概念の比較

	静態的な結果	動態的なプロセス
所得	貧困 （Poverty）	貧困化 （Impoverishment）
多次元性	剥奪 （Depirvation）	社会的排除 （Social Exclusion）

出所：Berghman（1995: 21）；全（2015: 9）より再引用

とされていた初期の主張に対する批判が行われている。ルームは、ヨーロッパの反貧困プログラム（一九七五～八〇年、一九八六～八九年、一九九四年）[4]の中で、社会的排除の概念が定立する過程を追ったが、特に三番目の反貧困プログラムにおいて最も権限を有しない人びとの統合に焦点が当てられたことにより、社会的排除に対する厳密な対応が議論されるようになったと主張している（Room ed., 1995; Room, 1995ab; Marsh and Mullins, 1998）。その後、特にヨーロッパの社会政策に関連して広く使われるようになり（Byrne, 1999）[5]、EUプログラムとそのネットワークを通じて開発され、作動しながら、昨今は各国の社会政策に対する影響力を拡大させているのである（Spicker, 1998; 中村、二〇〇二；小玉編、二〇〇三）。

3．貧困と社会的排除関連概念の比較

ヨーロッパの政策議論において「社会的排除」が採用されるようになると、貧困とは異なる分析的道具として、社会的排除の弁別的な性格を特定するための試みが引き続き行われた。

例えばベルグマンは、社会的排除にかんして、多次元的で動態的なプロ

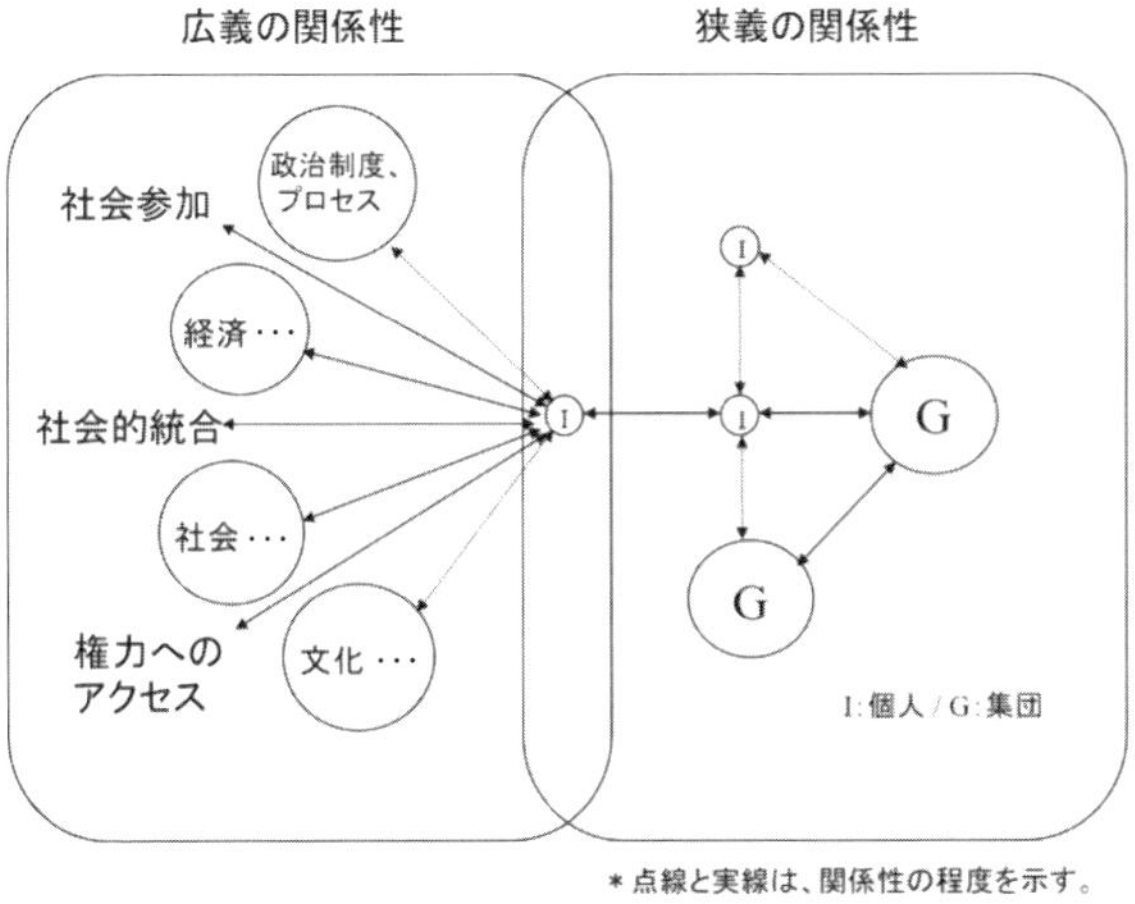

図 2-1　社会的排除の関係性の概念図
出所：全（2015：10）より再引用

セスであり、他の類似する概念である貧困や剥奪とは区別されるものとして定義している(Berghman, 1995)。表2－1はベルグマンによる「貧困」「剥奪」「社会的排除」の各々における概念的な違いを示している。それによると、まず既存の「貧困」概念は可処分所得の有無を基準とした概念であり静態的な結果に注目しているもので、その動態的なプロセスが「貧困化」であるとしている。そして、所得概念だけにかかわらず多次元的な指標に着目した「剥奪」という概念が貧困と同様に静態的な結果に注目しているのに対し、「社会的排除」は多次元性に着目しながら動態的なプロセスに注目しているという点で他の諸概念とは

5　一方、貧困概念に取って代わるものとして「社会的排除」が合意を得ることになった政治的な背景には、EU加盟国家の中には自国の「貧困」問題の存在を認めることを留保したがる認識があったことが一つの要因になっているという指摘もある(Berghman, 1995)。

区別されると述べている（表2－1参照）。

また社会的排除は、貧困にかんする議論の中で「分配的問題」から「関係的問題」への焦点の変化を意味している（Room, 1995ab; 1999; Kempen, 2002）。したがって、社会的排除とは「関係的用語（Relational Terms）」であり、その関係の範囲においては、狭義的、そして広義的な概念に分けて考えることができる。狭義的な関係性としては、個人間の関係や集団間の関係、または個人と集団間の関係を言うことができる。しかし、より本質的には、広義的な関係性が注目され、つまり社会的排除は経済的、社会的、そして政治的プロセスや制度など、様々な要因によって生み出されると見ているのである。その関係性の適切さ、あるいは有無の結果によって様々な側面において社会的に排除された集団が生まれ得る（図2－1参照）。

サマービルは、排除された個人や集団に共通しているもので、社会的排除のあらゆるプロセスの核心になるのは、公的な構造や経済、社会、そして国家制度からの疎外と断絶であると述べている（Somerville, 1998）。即ちサマービルは、社会構造との関係における排除を指摘しており、社会的排除とはそのような主流の社会構造からの参加が閉ざされている、あるいは閉ざされていく過程（参加の機会の剥奪、プロセスとしての貧困）に焦点を当てた概念であると論じている。

それに加えルームは、従来の「貧困」概念は主に「分配の問題」、即ち個人あるいは世帯の可処分所得の欠乏に焦点を当てているのに対し、「社会的排除」は「関係の問題」からなる問題、言い換えれば不十分な社会参加や、社会的統合の欠如に主に焦点を当てていると述べている（Room, 1995a）。

4. 社会的排除アプローチから見た居住問題の含意

これまでに既存の貧困概念では捉えがたい新たな貧困現象について、貧困概念の再構築という意味での社会的排除の意義や、その概念の含意を中心に検討してみた。既に詳述した通り、社会的排除の概念の持つ特質は、その概念が関係的な側面を中心に捉えており、貧困をもたらす多次元的で複合的な影響関係について注目していることであった。産業構造の再編など世帯外の要因や、単身世帯の増加、高齢化などのような人口構造の変化から見られる世帯内部における変化は、貧困にかんする新たな対応戦略を求めており、貧困概念に基づいた所得再分配のような政策だけでは、社会的排除をもたらすメカニズムに十分な対応ができなくなっているのである。

社会的排除の問題は、健康、教育、住居、雇用、物質的貧困など、多次元的な要因によってもたらされる問題である。したがって、社会的排除への対応においては多次元的で包括的な対応が求められるのである。しかし、そのような問題に対し、各国における社会的排除への対応には、特定の社会問題への偏りに加え居住問題への関心の低さが見られ、それがむしろ新たな排除を生み出す恐れがある点も看過することはできない。

例えばマーシュとマリンズは、居住システム自体が、社会的・空間的な階層化に大きな役割を果たすにもかかわらず、居住問題は社会的排除に関連した政策や学問的な議論の中で相対的に無視されてきたことについて指摘している（Marsh and Mullins, 1998）。

アンダーソンとシムも、社会的排除では、雇用と所得だけではなく、社会への民主的な参加、仕事や社会福祉へのアクセス、家族とコミュニティを含む領域が含まれていると議論されてきたにもかかわらず、労働市場からの排除のみを社会的排除の主要な指標として見なしているような傾向があると指摘している。また、住居と健康のような異なる政策領域についての議論が最も不足していると述べている（Anderson and Sim, 2000）。

しかし、一方では、社会的排除にかかわる議論に住居との関係を積極的に取り入れ、分析を行っている試みもある。レヴィタスの研究では、社会的排除との関連で雇用、貧困、給付の問題に主に焦点を当てているが、相対的に住居の役割については言及されていない（Levitas, 1998）。そこで、ワットとジェイコブスは、レヴィタスによる社会的排除言説[6]を用いて、居住に関連する政策を分析し、類型化している（Watt and Jacobs, 2000）。それを簡単に紹介すると次の通りである。

（1）社会的排除言説と居住政策を取り巻く議論

まず、居住にかんする「再分配論（Redistributionist Discourse: RED）」においては、特に劣悪な住居における居住状態やホームレス状態が、最も生の機会において否定的な影響を及ぼしていると強調している。また、そのような居住困窮層は、民間住宅市場の中で、彼ら・彼女らの居住ニーズを満足させることが非常に困難であるため、公共賃貸住宅の供給について持続的な関心を寄せている。さらに、全体的な居住システムにおいて、市民権（シティズンシップ）という観点が欠落しているため、社会的な弱者の居住ニーズに適切に対応することに失敗していると述べている。

それとは対照的に、「道徳的アンダークラス論（Moral Underclass Discourse: MUD）」という観点からは、公共賃貸住宅の否定的な影響について強調する立場をとっている。それは、MUD論に内在する、アンダークラスに対する否定的な行為的特性の強調によるもので、公共賃貸住宅が福祉依存性（貧困の罠）を助長しているとして批判している。

最後に、「社会統合論（Social Integrationist Discourse: SID）」という観点からは、フランスの若年層向けの労働訓練付き宿所（Foyers）を取り上げ、特に若者に対する有給労働の獲得・維持のための安定的な宿所の役割を強調している。つまり、社会的排除に対応するための居住政策においては、社会的排除への対応戦略の違いと同様に、異なる対応が見られるのである。

以上のように居住問題、特に居住貧困と社会的排除との関係については様々な類型が考えられるため既存のアプローチとは異なる方法での対応が求められているのである。それでは、具体的に居住と社会的排除との関連性の特質について検討してみることにしたい。

6　レヴィタスは社会的排除に対して、各々の政治的な見解の相違によって異なる解釈が存在するとし、社会的排除にかんする三つの「言説（discourses）」を提示した。まず、第一に主な関心を貧困に払っているイギリスの批判社会政策の立場から開発された「再分配論（Redistributionist Discourse: RED）」、第二に、排除された人びとの道徳的・行為的な非行を射程に置く「道徳的アンダークラス論（Moral Underclass Discourse: MUD）」、そして最後には、有給労働に重点を置く「社会統合論（Social Integrationist Discourse: SID）」である。各議論の詳細は全泓奎（二〇一五：一一－一二）を参照。

（2）居住と社会的排除との関連性

これまでの居住貧困にかんする研究では、住宅の占有形態（tenure）を中心的に捉え、住居と剥奪や、住居と貧困間の関係を調べる方法が一般的であった。特に、イギリスなどの研究から見られるように、公営住宅に対する居住問題がこの分野では中心的なテーマであった。しかし、剥奪の意味から見ると、過去と比べ、占有形態によって大きな違いが出てくるようになっているのが現状である。したがって、一部の占有形態に限った視点ではなく、住居全体と社会的排除の問題との関連性について再検討するべきであるとの指摘もなされている（Lee, 1998）。

そのような観点から居住問題における社会的排除の特質を見てみると、次のような問題を指摘することができる。

まず第一に、「排除の集中」にかかわる問題である。

排除の集中と社会的排除に関連しては、イギリスで見られるような、特に公営住宅の払い下げによる立地との関連性が挙げられよう。つまり、イギリスでは一九八〇年代中に最も需要が高い地域の、質の良い公営住宅ストックのほとんどが売却されてしまった。しかし、一方で需要が低い住居団地は売れ残り、そこでは十分なサービスが供給されず、また貧困世帯も質の良いサービスを消費できるほどの資力を持っていなかった。結果的に、これらの世帯は支出の増加を余儀なくされ、社会的不利のサイクルが繰り返されるようになった。また、住居団地に関連しては、社会的サービスや資源へアクセスするための交通施設が特に不足しているという指摘もある。つまり、その場合、居住移動への選択が閉ざされるばかりか、劣悪な社会環境上の問題も加わるため、より惨めな状況に置かれることがあるのである。さらにそれらの地域における共通的な特徴として挙げられるのは、居住問題がより悪化し、かつそれが地域に対する評価にも影響を及ぼして、スティグマ化することである。それが就業等に対しても、居住者に悪影響を与えている。

その他にも、地域施設（商店、学校、健康サービス、交通サービス、雇用関連等）が不十分な場合もある。日本でも、公営住宅の払い下げは行われていないものの、大都市では交通等立地の良い地域は応募倍率が高いが、高度成長期に郊外に整備された公営住宅などの公的賃貸住宅団地の場合は、空き家が目立つようになっている。とりわけ高齢人口の増加による介護や医療等の社会サービス需要の増加に対して、地域施設が十分に整備されていないことによる問題点も指摘されている。また、中堅ファミリー世帯の地域外への流出による税収減とは裏腹に、社会サービスへの需要の増加による自治体の予算負担の増加も問題点の一つである。

第二に、「排除の持続性」にかかわる問題である。

一般的に、貧困と居住にかかわる剥奪問題における時間の役割は看過されがちである。しかしこの観点は、社会的排除の持続性を確認するための分析において重要な事柄である。つまり、どれほど長く剥奪が持続されているのか、貧困は特定の占有形態において持続されているのか、持続的な剥奪や貧困は脱貧困または占有形態の「選択」のための行動に影響を及ぼしているのか等は、特に住居に関連して社会的排除を定義する上で極めて重要なことである。したがって、時間の枠を変更することは、社会的排除と住居との関連性を理解する上で重要な意味を持っているのである。

第三に、「排除の複雑性」にかかわる問題である。

社会的排除は、「分配的問題」から「関係的問題」への焦点移動が求められるため、住居と他の政策領域間の相互作用を検討することが、排除の複合的な性質を明らかにすることに繋がる。例えば、不健康あるいは不適切な住居による影響は、生の機会に対し複合的な影響を与えている。ホームレス状態は、教育、仕事、健康を妨げることになる。ホームレスの増加は、アフォーダブルハウジングの不足、家族とライフスタイルの変化と関連している。健康に対する住居の複合的な影響は、特に若者と高齢者に集中する。家族の住居から離れる若者や単身世帯の数の増加に対し、住宅への選択肢は、しばしば民間賃貸部門での劣悪な宿所に制限されるか、ホームレス状態に陥るかである。高齢者にとって住居は、貧困と結びついた際に一層脅威としてのしかかる。暖房が不十分な住居（Cold Houses）は、燃料確保の困難に繋がる際に高齢者にはリスクとなる。最も貧困状態にある世帯の三〇％は、他の七〇％に比べ二倍も暖房のための経費を消費している（Ineichen, 1993）。過密住居あるいは劣悪な設備の住居での生活が、生の機会に持続的な影響を及ぼす不健康や非教育的な結果に関連していることが立証されている。とりわけ、児童にとって喘息や呼吸性疾患の割合が高く現れるのは湿気やカビの多い住居である。

居住の領域における社会的排除の複合性や他の政策領域（住宅のみならず、教育、健康と雇用問題）との関連を考えると、これまでのようなサービス供給中心的な部門別介入や限定化された介入のみを指向する政策目標は、居住者の機会や資源へのアクセス、社会への再参加などのような社会的包摂には有効ではないことがいえる。即ち、居住にかんする社会的排除の対応においては、前述のような居住における社会的排除の諸性質を鑑みると、単線的なサービスの提供などに焦点を当てたプログラムだけではなく、むしろ地域レベルで考案された、包摂的（インクルーシブ）な地域プログラムが求められるのである。

以上の点から考えると、居住分野と社会的排除との関係を考察するにあたり、住居やそれを取り巻く地域の効果と、居住貧困と他の諸政策領域間についての社会的排除との関連性を右記の三つの性質の大きな枠組みの中で調べるのが重要になるのである。それに加え、居住貧困や貧困が集中する地域に対する社会的排除との関連性、そしてそれらの問題への対応について各々検討しながら解決への糸口を模索していく必要がある。

（3）社会的排除における地域の役割

社会的排除に関心を置く研究や政策の中には、都市内における社会的不利の集中に対し焦点を当てたものが多く見られる。とりわけ、社会的排除のダイナミックな特性においては地域の役割が最も大きな関心を集めてきている。前述した通り、社会的排除とは、都市空間や社会における参加の欠乏に対応するための規範的な概念である。もちろん社会的排除は都市に限った問題であるとは言い難いが、特に都市における社会的排除には、特定の地域への剥奪の集中が問題として指摘されている（Lee, 1998; Atkinson and Kintrea, 2001; Murie & Musterd, 2004）。社会的排除は、人びとが次第に「完全な市民」として享有できる利益から閉ざされるダイナミックなプロセスに関連して使われてきたため（Walker and Walker, 1997: 8）、剥奪が集中している地域の居住者は、最も市民的権利から排除される結果に陥りがちである。その意味で居住における社会的排除の一つの側面においては、不利益を被る世帯の空間的な集中に対する問題と、それによる社会参加への制約や、社会からの隔離を及ぼす場所の問題、即ち地域の役割にかんする問題を伴う。一方、貧困と地域に関連した議論の中では、その問題が特定の占有形態に限らない（Somerville, 1998）という主張もあり、言い換えれば、社会的排除の諸プロセスは、様々な類型の占有形態の文脈において生じうるのであり、社会的排除における占有形態を超えた地域の役割について、最も注目が必要になるのである。

既存の文献の中からは、不利益世帯の空間的な集中が必ずしも問題ではないと指摘しているものもある。つまり、不利益世帯のような同質的な社会的集団の集中が有効に働き、家族とは異なるネットワークを維持できるようにする可能性について注目しているのである。しかし、その場合においても、他の公共的なサービスへのアクセスや社会的ネットワークへの限定性などによる地域居住者の社会参加や、社会制度へのアクセスからの制約は、社会的排除を加重させるメカニズムとして機能することも多く、そのため、多次元的な剥奪の集中による地域の効果に注目を要する必要がある。

以上のように、近年、社会的排除における地域の役割にかんする関心が高くなっており、地域が教育、雇用、健康、住環境のような結果に膨大な影響を及ぼす要因であることが示されている。以降では、社会的排除に資する地域の効果について考察してみることにしたい。

（４）地域効果をめぐる議論

「地域効果（Area Effects）」とは、ある地域で生活することによって生ずる生の機会に対する機会のネットワークとして定義できる。文献の中からは近隣効果（Neighbourhood Effects）として知られていることもあるが、特定の地域に生活することによって生ずる社会的・経済的機会に対する独立的な影響を及ぼす効果であることが一般的に同意されうる定義である（Atkinson & Kintrea, 2001; 2002）。また、剥奪や社会的排除論だけではなく、社会政策や都市政策においても広く普及されたアイデアである（Atkinson & Kintrea, 2004）。地域効果にかんするアイデアは、そもそもアメリカに起源を持つ概念であり、保守主義者やリベラルな論者によって提示された、アンダークラスの存在や人種的な差別よりも、剥奪されたインナーシティの地域に対する、より綿密な説明を求めるためのアプローチであった（Wilson, 1996）。

したがって、ボーダー（Bauder, 2002）が指摘しているように、地域効果には、貧困な地域が規範や価値、そして行動において「機能不全」（Dysfunctional）に陥っていることが指し示されており、そのアイデアは都市のアンダークラスの概念に強く結びついて使われている場合もあることに注意すべきである。例えばアメリカでは、それらに関連する様々な政策が行われてきた。住宅都市開発

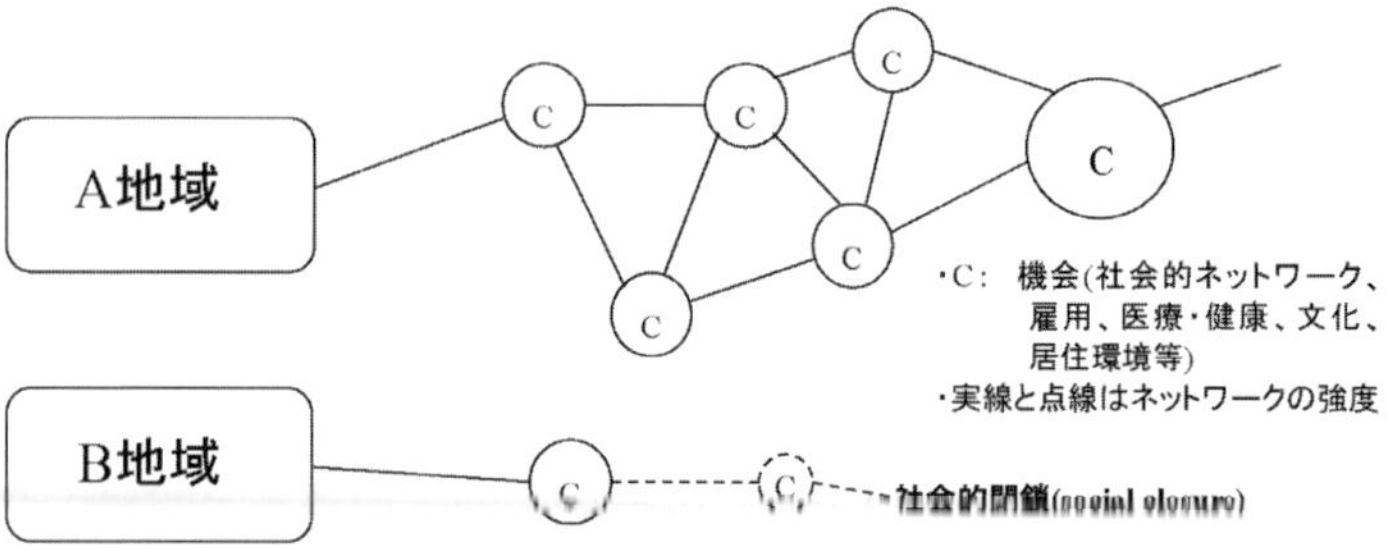

図 2-2　地域における機会のネットワーク
出所：全（2015：44）より再引用

省（ＨＵＤ）による「Moving to Opportunities」というパイロット・プロジェクトや、「セクション８」住宅手当を使って一四〇万人の低所得世帯に対しミドル・クラス地域や郊外地域へと移り住まわせるプログラムなどである。それらは郊外のミドル・クラスのライフスタイルが正常なもので、インナーシティやマイノリティのライフスタイルは病理的であるという憶測を含意している（Bauder, 2002: 39）。したがって、「地域効果」という用語の使用に際しては、それが持つ文化的な排除の蓋然性を常に警戒しながら使うべきであり、とりわけ政策決定者や地域のワーカー、プランナーは気をつけなければならない。

　また地域効果は、個人や世帯の社会的・経済的アウトプットにおいてポジティブあるいはネガティブな両方向の意味を持っている。それを簡単に図で示してみると図２－２の通りである。つまり、ある地域に居住することによって、社会的ネットワークや雇用、医療・健康、文化、物理的な居住環境など様々な機会へのチェーンが繋がり、居住の質や人的資源における向上が図られる一方で、その他の地域に居住することによって、限定的な社会的ネットワークの中で、外の社会との繋がりが薄まり、次第に社会的な閉鎖（Social Closure）や孤立状態に陥るのである。しかも、雇用や、その他のサービスへのアクセスの困難、劣悪な物理的環境などのため、生の機会から徐々に遠ざかっていく場合も予想される。

一般に「地域効果」にかんする文献では、主にアメリカの都市において、貧困層がその貧困から抜け出すことを阻害する付加的な影響について言及している。そのような付加的な影響にかかわるメカニズムは、地域のサービス供給に対する負担、居住者に対し映し出された悪い評判、民間のサービスが質的に劣悪であるか不在であること、質の低い公共サービス供給と貧困地域における社会化過程等のプロセスから確認できる。

特に、地域効果にかんしてアメリカの文献では、貧困層の長期的な目標の喪失、逸脱的な規範や行為の強調（Murray, 1996）、それらの居住地域の社会的な孤立、ミドル・クラスの不在による役割モデルの欠如（Wilson, 1987; 1996）、権限を与える（Enabling）よりは抑圧的な社会関係資本（Social Capital）の発展（Xavier de Souza Briggs, 1998）などがもたらす影響などが提示されている。

しかし不平等をもたらす要因としては、地域効果よりも他の要因、例えば、貧困の集中をもたらすマクロ経済学的な構造的要因が最も重要であるという批判もある（Kleinman, 1998; Webster, 1999）。とりわけ失業が直接的に家族解体や貧困などの社会問題をもたらすという意見もあり（Webster, 1999）、その他にもクラインマンは、家族や個人の特性が地域効果より重要で、政策介入の優先的なターゲットになるべきであると主張している（Kleinman, 1999）。特にロンドンの一部の地域における失業率が国家平均より高いのは、失業に関連する特性を持つ世帯の割合が相対的に高いためであると述べられており、地域効果の影響を矮小化している。さらにクラインマンは、剥奪された地域における高い失業率は、地域への貧困の集中と経済との関連性に注目すべきであり、その意味で貧困が集中する地域に居住している人びとは、グローバリゼーションによって（by globalization）排除されたのではなく、グローバリゼーションから（from globalization）排除されていると言い（Kleinman, 1998）、地域効果の影響を切り落としている。

しかし、地域効果について論じている文献では、マクロ経済的な力による結果や世帯の特性よりも、貧困が集中する地域と他の社会問題間に因果的な関係があると結論付けている（Brooks-Gunn et al., 1993; Ellen and Turner, 1997; Arthurson and Jacobs, 2004）。エレンとターナーは、地域効果は、地域の外部のメカニズムより影響が低いかもしれないが、それら外部のメカニズムとの因果的な関係については精査が必要であると述べ、地域効果に対する有効性を指摘している（Ellen and Turner, 1997）。特に、地域と社会的排除との関係に対しては、より真摯に扱う必要があると多くの論者が主張している（Somerville, 1998; Power, 2000; Brooks-Gunn et al., 1993; Ellen and Turner, 1997; Arthurson and Jacobs, 2004; Wilson, 1987; 1996）。また、マクロ経済的な影響に関連しては、剥奪された地域は経済成長が続いた時期にも持続的に存在していたため、個人や世帯の生の機会への直接的な関連性をそれに求めるには限界があると思われる（Atkinson and Kintrea, 2002）。

一方、一九九七年に執権したイギリスの労働党政府は、最も劣悪な状態にある団地や、公共政策が対応しにくい、いくつかの問題を抱えている社会的に排除された地域に焦点を当ててきた。これに対応した中心事業としては、広範囲なパートナーシップに基づく一連の「地域ベースの事業（Area-Based Initiatives: ABIs）」が発表された。その一環として、一九九八年以来、「コミュニティニューディール（New Deal for Communities）プログラム」が実施されており、イングランド全域に三九のパートナーシップを設置し、地域再生プログラムを実施した。なお、スコットランドでも「ソーシャル・インクルージョン・パートナーシップ（Social Inclusion Partnerships: SIPs）プログラム」が貧困層の地域をターゲットとして事業を展開し、スコットランド全域で三四地域に及んだ（Atkinson and Kintrea, 2002）。二〇〇一年には、「副首相府」直轄に「地域再生室（Neighbourhood Renewal Unit）」が設置され、剥奪された地域に集中した施策を行った。特に、剥奪された地域に対し、地域コミュニティの安全、経済的な開発、高水準の教育と健康プログラム、そして適切な住居などをその目標として掲げて施策を実施した。つまり、地域効果と社会的排除にかんする議論は、もはや政策として実践のレベルにまで上っており、社会的排除における地域効果メカニズムの重要性がますます高まってきているのである。

（5）地域効果のメカニズム

本節では、既往文献から論じられてきた「地域効果」にかかわる議論を整理してみよう。まず地域効果として取り上げられている要素には、次のようなものがある。即ち、「集中（concentration）」、

「立地（location）」「社会的環境（milieu）」「社会化（socialization）」「物理的環境（physical）」「サービス（service）」である（Atkinson and Kintrea, 2001）。これらの類型の各々において個人、あるいは世帯を地域と結び付ける特定のメカニズムが発見される。しかし、あらゆる個人や世帯が必ずしも同様の程度で地域環境によって影響を受けるのではない。なぜならば、ある人びとは、彼らが居住している地域による影響を凌駕するほどの他の資源、あるいは強力な社会的ネットワークやサポートを持っているためである。例えば、居住者の中でもある程度の経済的な余裕を持っている世帯の場合は、教育環境が劣悪な地域の団地等に居住している場合、地域移動を選択してしまうか、地域外の私設塾などへ子どもたちを通わせることができるからである。したがって、結果的に地域環境によるしわ寄せを最も受けやすいのは、経済的な資源を持たず、しかも社会的なネットワークにおいても脆弱な世帯や個人の場合になる。

そのような地域効果による剥奪の強化を生み出す、排除のメカニズムの具体的な例については、次のようなものが紹介されている（van Kempen, 2002; Atkinson and Kintrea, 2001; Ellen and Turner, 1997）。

まず、第一に、「立地と貧困の集中」による効果である。「貧困の集中」は、地域サービスに対するサービス負荷が生ずるため、個人や世帯に対し影響を与えることになる。それをウィルソンは、「集中効果（Concentration Effects）」（Wilson, 1987：58）と言い、不利な立場に置かれた人びとが圧倒的に多い地域で見られる「機会の制約」のことであると述べている。そしてその集中効果により、教育的なパフォーマンスやヘルス・ケアなどにおいて好ましくない結果（outputs）がもたらされ、さらに地域や居住者に対する広範囲な剥奪の強化を生み出してしまうのである。特に、地域の影響が最も直接的に現れるのは経済的な機会、つまり仕事にかんする物理的な近接性やアクセシビリティである（Ellen and Turner, 1997）。言い換えると、居住している地域の「立地」が仕事場から遠く離れているか、公共交通に対するアクセスが乏しい場合、たとえ彼ら・彼女らが適切な技術やモチベーションを持っていても適した仕事に就くのが不可能になるということである。また、貧困や剥奪が集中している地域や居住者に対しては、地域に対する好ましくない評判やスティグマが生じる場合もある。地域に対するスティグマの例としては、居住地の住所によって雇用市場で差別を受けることがよく取り上げられている。また、アメリカなどの例から示されているレッドライニングのように[7]、ある地域の居住者がリスクとして見なされる場合もある。しかし、そのようなラベリングがどのように政策に染み込んでいるか、そして財貨やサービスに対するアクセスをどのように妨げられているのかについての全体的な情報はまれにしか出されない。なぜならば、地域による悪い影響が社会的にタブー視されており、また行政もそのような事実があることを認めたがらないからである。それにもかかわらず、地域に対する烙印は社会的排除のプロセスにおける要因であることが指摘されている（Kempen, 2002）。

第二に、「サービス」の効果である。

7　アメリカのレッドライニングについては、大塚（二〇〇一）を参照されたい。

個人の福利（well-being）は、地域水準で供給されるサービスの質やその利用可能性によって大きな影響を受けることになる。そしてその事実は、個人の生み出す成果にも強く影響を与える。一方、貧困地域に対して公共や民間によって供給されるサービスにかんする研究によると、貧困地域の場合、実際にサービスの質や内容が他の地域に比べて低質で、しかも居住者間の貧困や移動性の制約によってその否定的な影響が最も強化されることが明らかにされている（Speak and Graham, 1999）。

ケンペンは、例えば同質性の高い社会的集団や、同様の問題を抱えている多くの人びとが同じ公共サービスを利用しようとすると「過密（crowding）」の問題が発生するため、特に貧困地域に居住している人びとは、待機や順番待ちで無用な時間を消耗することを余儀なくされることがしばしばあると述べている（Kempen, 2002）。

最も具体的な例として、貧困な地域における教育の問題が挙げられよう。貧困地域の場合、子どもの教育にかんする施設や教育サービスの質の低さ、その利用可能性という面において問題を抱えている場合が多い。子どもたちは、きめ細かな関心を持って扱われることがなく、将来に対する展望が持ちにくいという場合もある。しかも、家庭の経済状況が厳しいと考えている学生たちは、不登校や家出、集団いじめ、暴力などの問題を経験した割合も相対的に高いことが示されている。それは、家庭や学校、地域社会から適切な保護を受けられず、非教育的環境に露出されている点と関連していると思われる。また、低所得層の場合、保育にかんする欲求を強く持っているが、それらのニーズに対応できる施設が提供されておらず、さらにそれをまかなうための教育費の負担も重いのが現状である。既存の施設も財政が脆弱であるため、施設の老朽化、設備や用具の不足、教員の専門性の不足等によって良質なプログラムが提供されていないのが現状である。

良質の医療に対するアクセスも、人生のすべての段階において重要な影響を与える。保健や医療関係の施設がないか、近くで利用できない地域で疾病にかかった場合は、学校や仕事を長く休まざるを得なくなる。また、喘息や糖尿病などのような慢性的な疾病を抱えている人びとは、適切な治療を受けられず、他の地域なら十分に営めるような通常の暮らしができなくなるのである。

剥奪された貧困地域における居住者のニーズと公共サービスは、釣り合わない場合が多い。ダフィーによると、困窮層が集中している地域の場合は、サービスに対する需要が高いのに比べ、サービスの質、それ自体が低いからであると述べている（Duffy, 2000）。特に居住環境に関連するサービスや設備にかんしても、貧困地域に居住している人びとは、劣悪な住居及び保健衛生施設、そして様々なインフラ関連のサービスにおいて不利益を被っている。例えば、上下水道や暖房、電気等においても問題を抱えている場合がある。その他にも狭小な住居空間に多くの世帯員が居住することによる過密の問題も頻繁に経験している問題である。その場合、私生活の保障が困難になり、家族構成員間の葛藤と不和をもたらすこともある。劣悪な居住環境に関連するもう一つの問題は、健康と疾病問題である。困窮層は低所得と劣悪な居住環境で生活しているため、各種疾病や災害に直接的に露出されており、限りなく健康上の脅威を受けている。そのような健康と疾病の問題は、医療費の過多支出と関連しており、さらに貧困の原因に繋がる問題である。

第三に、「社会化及び社会的ネットワーク」の効果である。

社会的なサポートや経済的な機会は、「社会的なネットワーク」にかかわっている。濃密な地域社会ネットワークの存在は、居住者に対しては、心理的な安心感や情報や資源の共有をもたらし、利益となる場合もある。

一方、地域のネットトリークは、問題にもなり得る。例えば、居住者が雇用機会を得るのはほとんどの場合人を通してである。しかし、適切な賃金をもらう仕事に就いている人が少ない地域で居住している場合は、そのような機会を得ること自体が非常に困難である。なお、それによる影響は、就業経験の乏しい若年層に対して、特に大きい。

また、これらの地域に基づいたネットワークの重要性は、地域の境界を越えた外部のネットワークとの繋がりの如何にかかわっている。居住地域を越えた強いネットワークを持っている人は、身近な環境による影響をより少なく受けるからである。この広範囲のネットワークを通して彼らは情報やサービス、機会とサポートを得られる。しかし、そのような地域の範囲を越えた広いネットワークに欠けている場合は、むしろ地域内部のサービスやサポートに多く依存することになるかもしれない（Ellen and Turner 1997: 840-841）。その結果、地域外部とのネットワークが脆弱な個人や世帯は、地域効果によるしわ寄せを、より一層受けることになるのである。

貧困の集中と社会化や社会的ネットワークにかんする議論において中心になる用語は、「社会的孤立（Social Isolation）」である（Kempen, 2002）。また、「社会的孤立」は、地域効果を生み出すのに重要な状況とも見なされている（Atkinson and Kintrea, 2004）。社会的孤立は、物理的、あるいは地理的な孤立とは異なった形として経験される。例えば、地域的にはよく統合されているにもかかわらず、都市における他の活動の分野からは遠ざかっていることも往々にしてある。ところが、地域効果のアプローチは、他の社会や、経済一般、政策的な文脈とは独立的な影響を及ぼすと見なすのも問題である。したがって、地域が関係している諸領域との関連性も視野に入れることが必要である。つまり、都市の経済力は地域問題を改善させたり、悪化させることができるし、地域を越えた公共政策は、特定の地域に基づく事業よりも、より一層居住者の生活に影響を及ぼすかもしれないという広範囲な文脈において地域効果を認識すべきなのである。

以上、地域効果の含意と、社会的排除との関係性を測る上での有効性、そして社会的排除をもたらす様々なメカニズムについて検討してみた。以上の内容を要約してみると、地域効果には様々なものが考えられるが、その中でも三つの類型が主なものとして挙げられる。第一に「立地・貧困の集中」、第二に「サービス」、第三に「社会化・社会的ネットワーク」による効果である。これらはさらに、「集中効果」「過密」「地域内外のネットワーク」などのような地域効果が及ぼす影響の結果、例えば、教育、健康、経済的な機会などへのアクセスや利用可能性を妨げ、さらには社会的孤立（Social Isolation）などを生じさせることになり、結果的に、地域に対するスティグマやラベリングなどを与え、地域におけるウェルビーイングを悪化させる社会的排除のメカニズムとして機能していることが確認できる。

表 2-2　社会的包摂・排除に関連した地域の類型

		社会	
		包摂	排除
地域	包摂	1	2
	排除	3	4

出所：Berman and Phillips（2000: 345）を再構成

5．社会的包摂・排除に関連した地域の分類と対応課題

それでは、前記したような地域効果と関連して地域における社会的包摂や排除の特徴を社会に関連付け類型化を試みてみると、表2－2のような類型を考えることができよう。

まず、1に該当する地域とは、社会的にも地域的にも包摂されている状態である。それに対し、2の地域とは、社会的には排除されており、つまり社会の制度や組織との関係性から排除されている状態ではあるが、地域的には包摂されている場合である。その場合、地域の濃密なネットワークなどによる結束型社会関係資本が豊富な地域が想定できる。また、その反対に3に該当する地域は、社会的には包摂されているが、地域においては排除されている地域で、前記の文脈から言うと社会的な制度や組織に対しては包摂されているものの、地域そのものにおいては排除されている状態を言う。最後に、4に該当する地域の類型は、社会の制度や組織にも、そして地域からも排除されている、最も排除されている極限的な状態に置かれている地域を表象していると示すことができる。つまり、地域効果における地域と社会的包摂・排除の類型化によっては以上のようなものが想定

できると考えられる。換言すると、地域における包摂や排除は一様の状態ではなく、このような多様な類型の状態が想定されるのである。

参考文献

大塚秀之（二〇〇一）「レッドライニングと居住地の人種隔離」『現代アメリカ社会論――階級・人種・エスニシティーからの分析』大月書店、二一一－二五四

小玉徹・中村健吾・都留民子・平川茂編著（二〇〇三）『欧米のホームレス――実態と政策 上』法律文化社

全 泓奎（二〇一五）『包摂型社会――社会的排除アプローチとその実践』法律文化社

都留民子（二〇〇〇）『フランスの貧困と社会保護――参入最低限所得（ＲＭＩ）への途とその経験』法律文化社

都留民子（二〇〇二）「フランスの『排除 Exclusion』概念――わが国の社会問題に使用することは可能か」国立社会保障・人口問題研究所『海外社会保障研究』（Ｎｏ．１４１）三－一七

中村健吾（二〇〇二）「ＥＵにおける『社会的排除』への取り組み」国立社会保障・人口問題研究所『海外社会保障研究』（Ｎｏ．１４１）五六－六六

Anderson, I. and D. Sim（eds.）（2000）*Social Exclusion and Housing: Context and Challenges*, Conventry: Chartered Institute of Housing.

Arthurson, K. and K. Jacobs（2004）'A Critique of the Concept of Social Exclusion and its Utility for Australian Social Housing Policy,' *Australian Journal of Social Issues*, Vol.39, No.1, pp.25-40.

Atkinson, R. and K. Kintrea,（2001）'Disentangling Area Effects: Ecidence from Deprived and Non-deprived Neighbourhoods,' *Urban Studies*, Vol. 38, No. 12, pp.2277-2298.

Atkinson, R. and K. Kintrea（2002）'Area Effects: What Do They Mean for British Housing and Regeneration Policy?,' *European Journal of Housing Policy*, 2(2), pp.147-166.

Atkinson, R. and K. Kintrea (2004) 'Opportunities and Despair, It's All in There: Practitioner Experiences and Explanations of Area Effects and Life Chances,' *Sociology*, Vol. 38(3), pp.437-455.

Bauder, H. (2002) 'Neighbourhood Effects and Cultural Exclusion,' *Urban Studies*, Vol. 39, No.1, pp.85-93.

Berghman, J. (1995) 'Social Exclusion in Europe: Policy Context and Analytical Framework,' in G. Room, *Beyond the Threshold: The Measurement and Analysis of Social Exclusion, Bristol*: The Policy Press, pp.10-28.

Berman, Y. and D. Phillips (2000) 'Indicators of social quality and social exclusion at national and community level,' *Social Indicators Research*, (50), pp.329-350.

Brooks-Gunn, J., Duncan, G., Klebanov, P. and Sealane, N. (1993) 'Do neighbourhoods influence child and adolescent development?,' *American Journal of Sociology*, Vol.99, No.2, pp.353-395.

Byrne, D. (1999) *Social exclusion*, Buckingham · Philadelphia: Open University Press.

Duffy, B. (2000) 'Satisfaction and expections: attitudes to public services in deprived areas,' *CASE Paper45*, London School of Economics.

Ellen, I. and Turner, M. (1997) 'Does neighbourhood matter? Assessing Recent Evidence,' *Housing Policy Debate*, Vol.8, Iss.4, pp.833-866.

Ineichen, B. (1993) *Homes and Health: How housing and health interact*, London: E&FN SPON.

Kempen, E. Van (2002) 'Poverty pockets' and social exclusion: on the role of place in shaping social inequality,' in P. Marcuse and R. Van Kempen (eds.) *Of States and Cities*, Oxford: Oxford University Press, pp.240-257.

Kleinman, M. (1998) 'Include Me Out? The New Politics of Place and Poverty,' *CASE Paper11*, London School of Economics.

Kleinman, M. (1999) 'There goes the neighbourhood: Area policies and social exclusion,' *New Economy*, Vol.6, Issue.4, pp.188-192.

Lee, P.（1998）'Housing policy, citizenship and social exclusion,' in A. Marsh and D. Mullins (eds.) *Housing and Public Policy: Citizenship, Choice and Control*, Buckingham: Open University Press, pp.57-78.

Levitas, R.（1998）*The Inclusive Society?: Social Exclusion and New Labour*, London: Macmillan Press Ltd.

Marsh, A. & D. Mullins（1998）'The Social Exclusion Perspective and Housing Studies: Origins, Applications and Limitations,' *Housing Studies*, Vol.13, No.6, pp.749-759.

Murray, C.（1996）'The emerging British underclass,' in R. Lister (ed.) *Charles Murray and the Underclass: The Developing Debate*, London: IEA Health and Welfare Unit, pp.24-53.

Murie, A. and S. Musterd（2004）'Social Exclusion and Opprortunity Structures in European Cities and Neighbourhoods,' *Urban Studies*, Vol.41, No.8, pp.1441-1459.

Power,Anne（2000）'Poor Areas and Social Excluson,' in Power & Wilson, *Social Exclusion and the Future Cities*.

Room, G.（1995a）'Poverty and Social Exclusion: The New European Agenda for Policy and Research,' in G. Room (ed.) *Beyond the Threshold: The measurement and analysis of social exclusion*, Bristol: The Policy Press, pp.1-9.

Room, G.（1995b）'Poverty in Europe: competing paradigms of analysis,' *Policy and Politics*, vol.23, No.2, pp.103-113.

Room, G.（1999）'Social exclusion, solidarity and the challenge of globalization,' *International Journal of Social Welfare*, 8, pp.166-174.

Room, G. (ed.)（1995）*Beyond the Threshold: The measurement and analysis of social exclusion*, Bristol: The Policy Press.

Silver, H.（1994）'Social Exclusion and Social Solidarity: Three paradigms,' *International Labour Review*, 133(5-6), p.540.

Social Exclusion Unit（2001）*A New Commitment to Neighbourhood Renewal: National Strategy Action Plan*, London: Cabinet Office.

Somerville, P.（1998）'Explanations of Social Exclusion: Where Does Housing Fit in?,' *Housing Studies*, Vol.13, No.6, pp.761-780.

Speak, S. and S. Graham（1999）'Service Not Included: Private Services, Restructuring, Neighbourhoods and Social Marginalisation,' *Environment and Planning A*, Vol.31, pp.1985-2001.

Spicker, P.（1998）*Housing and Social exclusion*, Edinburhg: Shelter Scotland.

Townsend, P.（1979）*Poverty in the United Kingdom: A Survey of Household Resources and Standards of Living*, Berkeley and Los Angeles: University of California Press.

Walker, A. and C. Walker（eds.）（1997）*Britain Divided: The growth of social exclusion in the 1980s and 1990s*, London: CPAG.

Watt. P. and K. Jacobs（2000）'Discourses of Social Exclusion: An Analysis of 'Bringing Britain Together: a National Strategy for Neighbourhood Renewal',' *Housing, Theory and Society*, Vol.17, No.1, pp.14-26.

Webster, D.（1999）'Targeted local jobs: the missing element in Labour's social inclusion policy,' *New Economy*, Vol.6, Issue.4, pp.196-198.

Wilson, J. W.（1987）*The Truly Disadvantaged: The inner City, the Underclass, and Public Policy*, Chicago: The University of Chicago Press.（平川茂・牛草英晴訳（一九九九）『アメリカのアンダークラス――本当に不利な立場に置かれた人びと』明石書店）

Wilson, J. W.（1996）*When Work Disappears: The World of the New Urban Poor*, New York: Knopf.（川島正樹・竹本友子訳（一九九九）『アメリカ大都市の貧困と差別――仕事がなくなるとき』明石書店）

Xavier de Souza Briggs（1998）'Brown Kids in White Suburbs: Housing Mobility and the Many Faces of Social Capital,' *Housing Policy Debate*, Vol.9(1), pp.177-221.

第3章

アクションリサーチの実践

毎年東アジアの都市で持ち回りで開催している「東アジア包摂都市ネットワーク・ワークショップ」が2019年に台北で開催された時の様子

本章ではここまで触れた内容を基に、これまで実施してきたアクションリサーチの一部を紹介することにしたい。こうした経験は、国内の不利地域の現場の生活経験を体現しながら、それをさらに国外への経験や実践を媒介する形で展開してきた。

1. 和歌山在住在日コリアン[1]の暮らしと生活課題へのアクションリサーチ

紀伊半島は古称を木の国、あるいは紀の国といい、それは百済氏族の木氏が渡来して紀の川河口付近に住んだことに由来するともいわれている（金静美、一九八四）。その西半部に位置する和歌山には二〇〇九年現在、二八六七名の「韓国・朝鮮」籍の住民が居住している（六五歳以上高齢者は六八八名、二四％）。[2]

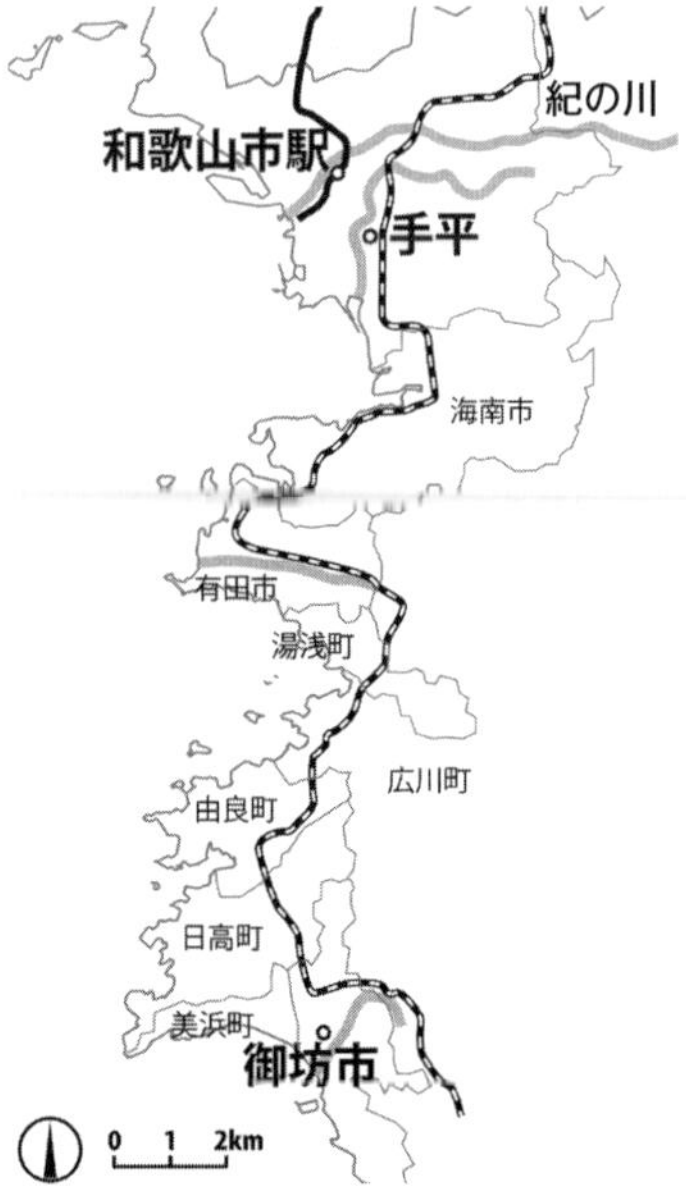

図 3-1　本研究における調査地域

本節は、こりあんコミュニティ研究会の共同調査プロジェクト[3]として行われた和歌山における在日コリアンコミュニティの形成と変容過程、そして今後のビジョンを模索するために行った調査[4]をベースにしている。

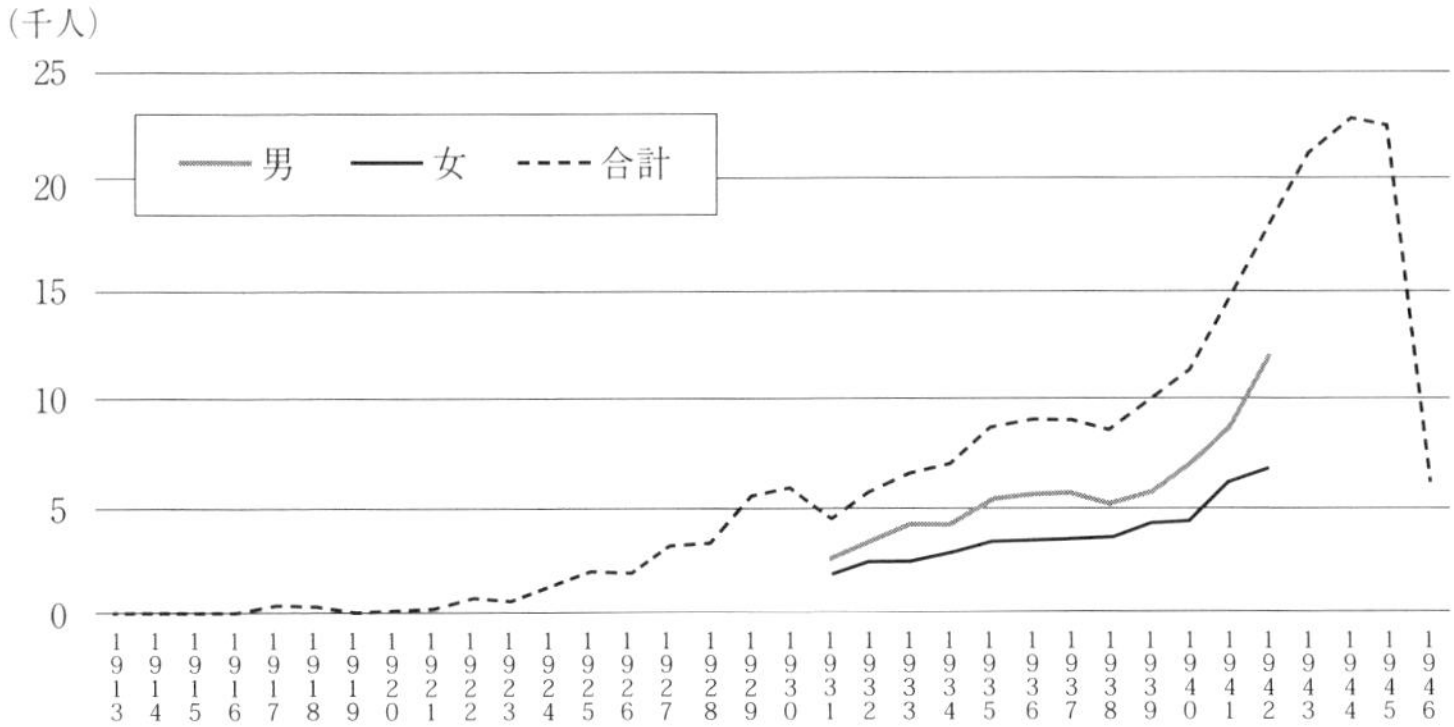

図 3-2　和歌山県在住朝鮮人の人口推移

出所：金静美（1984）を基に作成。ただし、男女の合計値は合っていないこともあるが、原文のママにした（表 3-1 も同じ）。

（1）居住人口の変遷及び移住過程

和歌山における朝鮮人の居住が最初に確認できるのは一九一三年である。当時、合計三八名の居住者がいたことが報告されている（金静美、一九八四、図３－２・表

1　本節では、戦前においては「朝鮮人」、戦後にかんしては一貫して「在日コリアン」という表現で統一した。

2　和歌山県ホームページ内「和歌山県における在留外国人数の状況」による。直近の二〇二〇年一二月の数値は、県内外国人総数七二七二名に対し、韓国・朝鮮籍が合わせて二〇五一名で約二八％の割合を占めている（https://www.pref.wakayama.lg.jp/prefg/022300/d00152731_d/fil/zairyuugaikokujin.pdf 2022.10.2 閲覧）。

3　財団法人住宅総合研究財団による二〇〇九年度研究助成（「社会的な不利地域における共生型まちづくりに関する研究――在日コリアンコミュニティの地域再生と居住支援」研究主査：全泓奎）を受け実施された。

4　同調査は、研究会メンバーを中心に調査員を募り、民団（在日本大韓民国民団。以後、民団と表記）和歌山県地方本部からの協力を得て、和歌山市、下津、御坊にある各支部に依頼し、当該地域に居住している一世及び二世の居住者にインタビュー調査（ライフ・ヒストリー調査）を行った。調査実施時期は、二〇〇九年八月、二〇〇九年一二月、そして二〇一〇年二月と、三回にわたって実施した。各調査地域については、図３－１を参照。

表 3-1　和歌山における在住朝鮮人の人口推移

年	男	女	合計
1913			38
1914			37
1915			56
1916			117
1917			350
1918			415
1919			120
1920			111
1921			211
1922			714
1923			559
1924			1,245
1925			1,943
1926			1,899
1927			3,091
1928			3,273
1929			5,431
1930			5,881
1931	2,445	1,910	4,355
1932	3,235	2,375	5,610
1933	4,070	2,415	6,485
1934	4,116	2,824	6,940
1935	5,239	3,318	8,647
1936	5,512	3,379	8,921
1937	5,580	3,367	8,947
1938	5,000	3,528	8,528
1939	5,554	4,209	9,763
1940	7,016	4,272	11,298
1941	8,527	6,161	14,688
1942	11,865	6,856	17,721
1943			21,370
1944			22,865
1945			22,552
1948			5,955

表 3-2　朝鮮人の人口推移

年	和歌山県	和歌山市
1910	26	-
1920	199	78
1930	7,009	2,551
1940	12,940	-
1945	24,777	-
1950	5,188	2,133
1955	6,355	2,086
1960	5,984	2,247
1965	5,029	2,339
1970	4,858	2,643
1975	4,960	2,867
1980	5,255	3,250
1985	4,799	2,974
1990	4,501	2,818
1997	3,975	2,503

３－１参照)。一方、島津（一九九八）は、一九二〇～一九九五年までの和歌山市域における在日朝鮮人住民の空間的セグリゲーションと居住地移動について論述しており、その中で先行研究や各種統計を用いて同地域における在住朝鮮人の人口推移をまとめている。そこには金静美（一九八四）の調査では抜けていた一九五〇年代以降の推移が見て取れる（表３－２参照)。両者を合わせてみると、一九二〇年以降、一九三〇年以降、そして一九四五年の終戦直前に最も多い人口の流入があったことが確認できる。そこからは、後述するように当時の植民地政策により疲弊化した朝鮮半島から難を逃れてきた人びとが和歌山までたどり着いてきたことが推察できよう。

それでは、来日してきた在日朝鮮人は、どこからどのようなルートで和歌山にたどり着くことになったのであろうか。

まず、出身地を見ると慶尚道出身者が圧倒的に多く、全羅道（済州道を含む）と合わせれば、県内の在日朝鮮人のほとんどがこの二道で占められている（在日本大韓民国居留民団和歌山県地方本部、一九九〇：一)。

次に移住過程及び経路について調べてみることにしたい。一般に日系人など日本に定住している外国人の移住システムにかんする研究では、移住経路として「市場媒介型」と「相互扶助型」という二つのパターンがあることが指摘されている（梶田他、二〇〇五)。つまり前者は、移動と就労が合体しており、媒介役の業者が人の募集から来日後の定住支援までをセットで行う。和歌山においては、紡績業関係で各工場の募集人が朝鮮半島から女工を募集し、和歌山に連れてきて様々な形で面倒を見ていたのがこの形に当てはまるといえよう。[5]後者は、主として家族や親類、同郷の知人等が移住者にとって受け入れ国で一つの社会的資本となり、移住者の定着を助けるパターンをいう。例えば、一九二〇年代の大阪では、慢性的な住宅不足に加え、在日朝鮮人に対する根深い偏見に基づいた住宅差別により、家を借りる際に日本人に比べ多くの保証人や敷金を求められたり、日本人より高額の家賃を要求される場合が多かった（樋口、一九七八）。しかも朝鮮人だからという理由での貸し渋りも珍しくなく、朝鮮人にとって来日早々住む場所を確保するのは至難の業であった。そのような時に頼りになるのは、同胞間の相互扶助ネットワークであったのである。

和歌山の場合も、女工として連れて来られた場合を除くと、ほとんどが親や親戚など先に渡日していた人びとを頼りに来日している。当時、植民統治下の朝鮮半島では生活が非常に厳しく、[6]日本に渡ったら働き口が得られるのではという期待を込めて渡日する場合が多かった。その他に調査の中で、慰安婦として戦地に送られることを憂慮し、故郷から日本に逃げてきたという証言も伺えた。また終戦後に一旦帰国したものの、韓国に帰っても生活の糧が得られず、再度危険を冒しながら密航で日本に戻るような場合もあった。

(2) コミュニティの形成

次に和歌山における各地の朝鮮人集住地の形成背景とその特徴については、次のようなことがわかった。

居住者たちは自ら居住していた集落以外にも朝鮮人居住の集落について詳しく、いずれの場合も各地域間の往来や交流があったのではと推察できる。まず、和歌山に近い岸和田の蛸地蔵にも一〇軒ほどの集住地区があったようだが、それより「セドンネ（＝新しい村）」（和泉大宮界隈と推測される）と呼ばれていた地域により多く集まっていたようである。そこは主に「新しく来た韓国人いっぱいおるところ」であったそうである。その他、終戦直後に闇で運航していた帰国船に乗るために集まってきた下津港の周辺にも自然発生的に在日の集住地区が形成された。その様子はまるで「もう韓国みたいなんでしたわ」と下津在住のK氏（女、七八）は証言している。しかし、急造されたこともあり、土地は田圃等を無断で占拠し、その上にバラックを建てた程度であったため、辛うじて雨露を凌ぐことが可能な程度の住居がほとんどであったようである。

その他に、当時和歌山市内には朝鮮人集住地区として知られる地域が数ヶ所あり、それぞれ地域の形成背景や地域居住者の特徴が異なっていた様子がうかがえる。まず、紀の川河川敷で、トタン屋根でつくった家に居住していた集落は、最初は空爆から逃れるため河川敷に住み始め、それが終戦後も続く中さらに人口の流入が進み、地域としての広がりを呈していったと推測される。しかし、土地の確保以外には水道や電気など基本的なインフラの利用はできなかった。ただ、河川敷であるため、周

5　当時紡績工場の女工としての渡日過程や、女工としての厳しい生活の詳しい様子については金賛汀（一九八二）を参照。

6　朝鮮半島での生活をより厳しくさせ、日本への渡航を余儀なくさせたのは実は当時の植民地政策によることが大きい。これに対し外村（二〇〇四：二一）は当時朝鮮人渡日のプッシュ要因として植民地朝鮮農村における慢性的な耕作地の不足、土地調査事業や産米増殖計画、その他小作人の権利の不安定化などの植民地統治権力による施策の影響を指摘している。

写真 3-1　現在の下津集落の様子
出所：筆者撮影（2009 年 8 月）

写真 3-2　赤煉瓦が歴史を物語っている紀の川倉庫の外壁の様子
出所：筆者撮影（2009 年 8 月）

写真 3-3　海南市にある和歌山ラーメン（1世の女性が現役で営業を行っている）　出所：筆者撮影（2010年2月）

写真 3-4　南海和歌山市駅裏の紀の川北島橋（現在橋下にはホームレス女性の小屋があり時代の変化を表している）
出所：筆者撮影（2009年8月）

りの視線を気にせずに豚を飼ったりしながら生活することができた。

また、旧紀の川紡績の工場地（現在、その跡地には紀の川倉庫と競輪場が建てられ稼働中である）では、同工場が空襲で焼けた後、跡地にバラックを建てて生活していた人びとがいたという報告もあった。

一方、手平、中之島には土建系の日雇いに従事した人びとが多く住み、それらの居住者の中には、朝鮮人のみならず、沖縄出身者も多くいたとされている。なお、養豚を営んでいた人びとは、広い空間を確保したり人の視線を意識せずに生活するため、紀の川河川敷や宮前地区等に居住していた。その他の業種としては和歌山の名物の一つである「和歌山ラーメン」にも在日の人びとが多く従事していたとされるが、とりわけ、それらの人びとは今福に多く集まって生活していたといわれている。

芦原地区（同和地区）や国体道路上にあったバラックにも朝鮮人が居住していて、バラックに居住していた人びとは古鉄の仕事をしていたことが多かったようである。その他に、松江や北島橋の下など、立ち退きを受けた地域もある。

（3）暮らし

では、和歌山に住み着くようになった朝鮮人の暮らしはどのような形で営まれてきたのか、当事者の声に耳を傾けながらその具体像に近付いてみよう。

まず、就労について聞いてみると、多くの場合、男性は土建業関連、女性の場合は紡績工場の女工というステレオタイプが見えてくる。

土建業に関連しては和歌山築港埋め立て工事でも朝鮮人が多くかかわっており[7]、その後、河原工事、砂・砂利採集で蓄えを増やし、和歌山市内でも名が知られるほど成功を収めた場合もあった。そのような経験を持つKさん（男、九〇歳）の就労歴を示してみると、「丁稚奉公（三～四年）→屑問屋→石油缶の再生（一九四二）→呉海軍工廠に徴用（一九四三）→代用石鹸製造（手平、一九五〇年、二～三年間）→金山ブルドーザー工業（河原工事、主に紀の川：小倉《おぐら》、砂・砂利）」のように大きな事業体として成長するまでに様々な形での苦労を積み重ねてきたことが推察できる。一方、当時紀の川周辺で砂利採集業が目にあまるほど盛んになっていたことが問題にされ、マスコミで取り上げられたこともある[8]。

その他に一部男性の場合もいたようだが、女性の場合、紡績工場で女工として働く場合が多かったようである。御坊にあった日之出紡績と大和《ダイワ》紡績で働いていたという証言が最も多く、中には、姑や実家の母、本人と夫など一家の全員が働いた場合もある。しかし、長期間工場で働いていたのが原因で肺気腫にかかり亡くなったという証言もあった。

土建業や女工としてではなく、養豚や、飲食業（焼肉屋）を通じて糊口を凌いだ場合もある。しかし、厳しい経済事情により一つの仕事だけではなく、複数の仕事を掛け持ちながら蓄えを貯め、その

7　和歌山築港にかんしては同修築事業が竣工した終戦時までに展開された築港をめぐって対立する政治・資本勢力間の政争と、それへの民間資本の関与、及び、修築事業が地域開発に与えた影響について考察している花野（一九九九）を参照。
8　「砂利の採集厳禁せよ」（紀州新聞　昭三六・三・一九）、「砂利乱採で南部浜細る」（紀州新聞、昭三六・六・五）等。

お金で豚を買い養豚を並行する場合もあったようである。例えば女性は紡績の女工で、男性は、（鉄）屑拾い、土方、大工、ブリキ屋、左官等のようなありとあらゆる苦労を経験しながら蓄えを増やし、豚を買って養豚を並行していたという話もあった。

その他、ミカン栽培（選果）や稲作の手伝い、イモアメ・でんぷんアメ、ドブロク等をつくりながら生計をたてる場合もあった。またまれに電車の車掌を務めていたというケースもあった（当時の賃金は、飯場で一日二〇〇円、田植え・ミカン畑での作業で一日一三〇円程度であった）。しかし、ほとんどの仕事は、「在日のできる仕事ってゆうたらね、もう下請けの下請けみたいな、きついとこばっかになってくるみたいな感じやね」という証言のように、実際の就労においては相当な苦労をしていたことが推察できる。では、そのような就労生活を持続させ、かつ家族との団欒を築き上げていくための労働力再生産の場としての住まいとはどのようなものであったのか。

和歌山市内でも下津でも、初期定着過程でほとんどの住まいは、公有地か私有地にセルフヘルプで建てたバラック建ての場合が多かった。雨が降ると天井から雨漏りし、周りの空き地は豚の鳴き声で騒然とし、部屋はきちんと整っていないまま、板一枚の上に家族みんなでごろ寝状態の生活であったと述べている。当然他人の土地であるため上下水道や電気などのようなインフラは整っておらず、井戸水を掘って使ったりしていた。一方、下津では、高度経済成長の流れに乗って生活向上とともに土地を購入し、現在は持ち家となった場合もある。しかし、すべての人びとが上向きの社会移動や住環境の改善に成功したのではない。例えば、和歌山市駅界隈の北島橋の下で、一九五五年よりおよそ

写真 3-5　手平にある長屋集落　出所：筆者撮影（2009 年 8 月）

五〇年間存続していた「〇番地」と呼ばれていた部落（主に土建屋を営んでいた約一七～八軒ほどの集落）は、不法占拠を理由に立ち退きを受け、現在は公営住宅に移った一世帯以外はみんなばらばらになってしまった。その他、手平のように長屋が集住する地域の二〇軒長屋でも朝鮮人が集住していたといわれている。

(4) 生活文化の伝承と葛藤

生活文化の中で世帯を越えてまでよく行われていたのは「チェサ（祭事）」である。家族構成員の変化に伴い多少儀礼などやり方の変化は見られるが、ほぼすべての在日コリアンの家族社会の中で「チェサ（祭事）」は大きな家族行事であり、そのような場を通じて「昔の韓国の、古い昔の」生活文化の伝承が行われていたことが推察できよう。そのような場を経由して古来の韓国の衣食住文化や礼儀作法が次世帯に伝わり、時には強引なやり方で文化受容が強制されることもあったようである。しかし、多くの方が語ってくれたように、そのほとんどは家父長的な社会の慣習により女性にのみ転嫁されることが多かったように思われる。

さらにアンビバレントな感情を抱かせるものではあるが、民間信仰の「クッ」もコリアンのもう一つの生活文化の交流の場であったようである。とりわけ女性の場合、家の中では解消できぬストレスや鬱憤を晴らす場として、そして現実世界では成し得ないものへの希求に対する願望の場としても機能していたようである。しかし、その場は、必ずしもポジティブな点ばかりではなく、時には反社会的かつ非合理的なことを言うなど（「母二人せなんだら、寿命が短いさかい」）、それが原因となって家族に害が及ぼされることさえあったことも事実である。しかし、慣習的に古い朝鮮半島の文化作法をそのまま引き継いできた在日社会の中で、どこにも自分を表現し、かつ実現できる場を持てなかった女性にとっては、暮らしの中での様々な困難や葛藤、そして差別を乗り越えて生きていくための最も心強い拠り所であったことも認識すべき点であろう。しかし、時には高額の負担を余儀なくされ、それにアクセスできなかった女性たちは素朴な民間信仰に頼っていたことも推測できる。

ところで、以上のように自らの出自にかかわる固有な文化であっても、二世以上になるとホスト社会からの様々な差別経験と重なり、素直に自分の文化としての受容には進まないことも垣間見られる。

時代の変化に伴いコミュニティの変容が進んでいる。下津の新田地区五班には戦後、一八～二〇戸、約一〇〇人ほどが居住していたが「みな韓国の人、しかし今はもう日本人になってあるで、みな。今は七戸」という証言からもわかるように、変容は、帰化という形で表れている。大概の場合、子女の教育や就職、結婚等と関連して国籍を変更する場合が多い。

地域の様子も変わってきている。昔は行政からの指導が緩やかであったが、今は地区内では衛生問題等を理由に養豚業を営むことは難しくなっている。しかし、地域での定住化が進み、日本の高度成長の波に乗って仕事も安定してくるにつれ、生活改善と収入の向上が見られ、様々な形での社会進出も増えることとなった。ただし、一方では、国籍を変え帰化することは、一世や二世の間では強い抵抗があるように見える。帰化が進むことは、他の面での危惧もある。それは、民族的アイデンティティとネットワークの維持という点である。即ち、現在、和歌山県地方本部の場合、市内で団費を支払っている世帯は三割程度に留まっているようである。関係者が「差別が多かった時より今はもうみんなバラバラになり、なかなか事業の展開が厳しくなっている」と漏らしていた。一方、若い世代の中には、日本に留まらず、英語圏などの海外や、積極的に韓国に行き、韓国語を身に付けた後、韓国での就職を希望するケースも出てくるようになった。

帰化者が増え、コミュニティの内部の変容が進む一方、アイデンティティとエスニックルーツを探ろうとする努力も強く働いている。例えば、下津在住のK氏（女、七八歳）は、子どもに自宅には族譜が無いのかと聞かれたのがきっかけで、子どもたちに誇りを持たせるため、故郷に戻り女手一つで族譜をつくってきたという。その他にも自分の韓国名に対する意識や通名においても、韓国とのルーツを強く意識した作法（安東《アンドン》権氏だから名前を安東にした等）のような独自の工夫もうかがえた。

（5）まとめにかえて――コミュニティの変容と生活課題

「在日の高齢者はもうほとんどないな。民団でもね、八〇越えて来るってゆうのはもう三人位しかないかな？　ほんまになくなったわ。だから韓国語喋れる人ってほとんどもう亡くなってる。二世がもう七五とかなっとるんやからね」和歌山市S氏（男、七〇）

最初に和歌山の土地に朝鮮人の居住があった一九一三年から数えると、もはや一〇〇年ほどの時間が経過している。先述したようにコミュニティの初期形成期には経済的な困難のみならず様々な差別にも立ち向かい、コミュニティの防御をはじめ、住まいや生活の構築のため必死で生きてきた。差別体験にかんしても昔に比べると良くなったと話しているものの、依然として目には見えないが差別は存在するという意見もあった。それは、民族差別、教育差別、就職差別という形で今でも顕現していると言われている。また、本国からの理解も依然として進んでおらず、相変わらず遠い母国のような印象を払拭できない。例えば、野球の親善競技のため韓国に渡ったことがあったが、試合の熱が上がってきたときに韓国側の応援に韓国語で「バンチョッパリ早帰れ」とやじられ、非常に不快な思いをしたことがあるなど、母国に対してあまり良い感情を持てなくなったという人もいた。試合に熱中する中、感情的に高揚したことによる偶発的な出来事かもしれないが、没歴史意識の産物のような言葉であることには変わりがない。日本社会における理解を広げていくために、多文化共生のあり方を

郵便はがき

料金受取人払郵便

神田局
承認

7846

差出有効期間
2024年6月
30日まで

切手を貼らずに
お出し下さい。

101-8796

537

【受　取　人】
東京都千代田区外神田6-9-5
株式会社 **明石書店** 読者通信係 行

お買い上げ、ありがとうございました。
今後の出版物の参考といたしたく、ご記入、ご投函いただければ幸いに存じます。

ふりがな お名前	年齢	性別

ご住所 〒　　　-

TEL　(　　　)　　FAX　(　　　)

メールアドレス	ご職業（または学校名）

＊図書目録のご希望	＊ジャンル別などのご案内（不定期）のご希望
□ある □ない	□ある：ジャンル（ □ない

籍のタイトル

◆本書を何でお知りになりましたか？

□新聞・雑誌の広告…掲載紙誌名[　　　　　　　　　　　　　　　　　]
□書評・紹介記事……掲載紙誌名[　　　　　　　　　　　　　　　　　]
□店頭で　□知人のすすめ　□弊社からの案内　□弊社ホームページ
□ネット書店［　　　　　　　　　］　□その他[　　　　　　　　　　]

◆本書についてのご意見・ご感想

■定　　価	□安い（満足）	□ほどほど	□高い（不満）
■カバーデザイン	□良い	□ふつう	□悪い・ふさわしくない
■内　　容	□良い	□ふつう	□期待はずれ

■その他お気づきの点、ご質問、ご感想など、ご自由にお書き下さい。

◆本書をお買い上げの書店

[　　　　　　市・区・町・村　　　　　　書店　　　　　　店]

◆今後どのような書籍をお望みですか？

今関心をお持ちのテーマ・人・ジャンル、また翻訳希望の本など、何でもお書き下さい。

ご購読紙　(1)朝日　(2)読売　(3)毎日　(4)日経　(5)その他[　　　　　　新聞]

◆定期ご購読の雑誌［　　　　　　　　　　　　　　　　　　　　　　　　]

協力ありがとうございました。
意見などを弊社ホームページなどでご紹介させていただくことがあります。　□諾　□否

ご 注 文 書◆　このハガキで弊社刊行物をご注文いただけます。

□ご指定の書店でお受取り……下欄に書店名と所在地域、わかれば電話番号をご記入下さい。
□代金引換郵便にてお受取り…送料+手数料として500円かかります(表記ご住所宛のみ)。

	冊
	冊

定の書店・支店名

書店の所在地域

都・道　府・県　　市・区　町・村

書店の電話番号　（　　　　）

模索していくことも必要であるが、韓国社会や日本以外の海外の社会に対しても在日コリアンの歩んできた歴史や生活過程、現在の課題などについてともに考えていけるようなアプローチを積極的に行っていくべきである。

またコミュニティの内部の変容がさらに進んでおり、とりわけ高齢化の深化や若年世代の帰化などによるコミュニティの担い手の減少は大きな課題である。先述したように、依然として存在する様々な差別の中で、本人たちだけが耐えていくことを求めるのは非常に困難かつあってはならないことである。基本的には、差別を生まない社会、違いを受け入れ、自らが相手に寄り添って変わっていくような社会の体質やシステムの転換が必要であるが、言葉だけではなかなか進まないのも現状である。したがって、今後は国籍の如何を問わず、ともに歩んでいくという発想の転換がコミュニティの内部からも必要になってくるのではないかと思われる。また、外部社会も、新規流入の外国人の増加などにより、日本国内におけるエスニックな地形が変容しつつある。しかし、それらの人びとは、まだまだ日本社会に不慣れであるとともに様々な課題を抱えており、これまでの「ザイニチ」としての生活構築の経験は、それらの人びとにとって大きな力となってくることも期待できる。「大阪行ったらたくさんいてるから、いいでしょう。和歌山は、あんまりないからね。だから、うちらの孫らも、みんな大阪の方行きたがるもん。向こう行ったら、幅広いから」と語ってくれているように、一方では地元の在日コリアン居住者向けの活動も展開しつつ、社会に向けた発信や社会のニーズにも対応できるような活動内容の開発にも乗り出していくことが必要ではないかと思われる。また母国からのみならず、他の在住外国人など多様な人材を積極的に受け入れ、より包括的な活動を展開していくことも期待される。

参考文献

梶田孝道他（二〇〇五）『顔の見えない定住化』名古屋大学出版会
金静美（一九八四）『和歌山・在日朝鮮人の歴史』（在日朝鮮人史研究14）、在日朝鮮人運動史研究会、四九－一〇六頁
金賛汀（一九八二）『朝鮮人女工のうた――1930年・岸和田紡績争議』岩波書店
在日本大韓民国居留民団和歌山県地方本部（一九九〇）『和歌山民団40年史』
島津俊之（一九九八）「和歌山市域における在日朝鮮人住民の空間的セグリゲーションと居住地移動」『和歌山地理』（No．18）、一－二〇頁
全泓奎他（二〇一一）「社会的な不利地域における共生型まちづくりに関する研究――在日コリアンコミュニティの地域再生と居住支援」『2010年度住宅総合研究財団論文集』四九－六〇頁
外村大（二〇〇四）『在日朝鮮人社会の歴史学的研究――形成・構造・変容』緑蔭書房
花野孝史（一九九九）「近代期の地域開発における地方政治と民間資本の動向――和歌山築港を事例として」『人文地理』（第五一巻第三号）
樋口雄一（一九七八）「在日朝鮮人に対する住宅差別」『在日朝鮮人史研究2』七〇－七九頁

写真 3-6　浅香地域「第２回跡地まつり」に参加（浅香中央公園、1998 年 4 月 22 日）
右端の前面が筆者。一緒に渡日した住民のムン・ヨンギさんは、メンバーがつくった段ボールハウスの体験のため中に入っている。

2. 被差別部落のまちづくりとアクションリサーチ

(1) 日韓の民際交流を媒介する個人的な経験から

本節では被差別部落のまちづくりにかかわった経験からそれらの地域のまちづくりの歩みに加え、差別を乗り越え地域でともに戦い抜いて生活の場を築いてきた住民の声を紹介する。それに先立ち筆者がこれらの地域にかかわるようになった経緯をまず紹介してみよう。それを説明できる写真が手許に何枚か残っている。

まず写真3－6を見よう。これは筆者が初めて日本に来た時の写真である。今から20数年前の写真である。

る。詳しくは後述するが、これは大阪市の浅香という地域にある、浅香中央公園で撮った記念写真である。一九九八年四月二九日当時、この公園では「第2回跡地まつり」が開催されていた。一〇年前の一九八八年一一月に第1回跡地まつりを開催して以来の二回目の開催なのである。「跡地」というのは、もともとこの地は地下鉄御堂筋線の地下鉄車両の車庫地があったところで、大阪市に対する住民の要求によってその車庫を撤去し地域のまちづくりに使うことになったのであった。最後の電車が去ったのがその前年の一九八七年四月一一日、これで二七年にわたって浅香地域を封印してきた呪縛が解けて次のステップに乗り出すことになったのである。

筆者はその時に、本書の冒頭でも述べたように、まだ韓国のスラム地域に生活しながらコミュニティオーガナイザーとして従事していた。そこで以前から交流があった日本側のカウントパートである「アジア居住ネットワーク・ジャパン」のメンバーらの誘いを受け、地域住民や活動家の先輩とともに連帯や交流の意味を込めて渡日したのである。

この地域との交流は現在までも続くのだが、写真3-6は筆者が本格的に渡日する前の写真で、一九九九年より留学生として日本に居住することになった後の写真が次の三枚の写真である（写真3-7・8・9）。これらの写真の背景となった行事は「第1回日韓住民運動交流会」である。このような民間交流が両国間では他にもいろいろな形であるわけだが、住民運動（韓国では当時はまだ「貧民運動」と称していた）と部落解放運動間の交流は、これらの団体間の交流がオーソドックスなものであったように思われる。この交流の主催は、韓国側は「韓国住民運動情報教育院（ＣＯＮＥＴ）」という民間機関で、日本側は部落解放同盟大阪府連合会（浅香支部）であった。

実は、解放同盟による韓国の住民（貧民）運動との連帯や交流ははるか前の一九八八年までに遡る。一九八六年にアジアンゲームを終え八八年にはソウルオリンピックを迎えていたソウル市では、都市景観の整備を美名に住宅再開発事業に本格的に乗り出した。それによって多くの住民が住み慣れた地域から立ち退きを受け追い出される羽目に陥っていた。それに憤りを覚えた活動家や住民グループが海外の居住権運動関連のネットワークと連帯し開催したのが、アジア民衆の対話（Asian People's Dialogue）であった。これを共同主催したのが、居住の権利のためのアジア連合（Asian Coalition for Housing Rights: ACHR）である。先述したアジア居住ネットワーク・ジャパンは、この日本側の受け皿組織でもあった。この「ピープルズダイアログ」という、持たざる民衆の居住問題への異議申し立てを行った集会に日本側の代表として参加したのが、前記の大阪府連の浅香支部を代表し参加した故山本義彦氏であった。筆者は当時CONETの事務局幹事を務めていたこともあり、同氏や日本側メンバーの韓国への渡航の際に訪問地域や交流内容及び調整や地域案内等を担当していた。これが縁でその後も同氏との交流を深める中で地域活動へのかかわりを広げるきっかけとなったのである。

いずれにしても三枚の写真（写真3-7・8・9）は、住民運動の交流という名称では初めて実施されたものである。当時CONETはソウル市内の西江大学校の中にあった産業問題研究所（ILM館）に一室を構えていた。とはいってもCONET専用ではなく、「韓国都市研究所」という、同じく貧困者及びそれらの居住地の地域問題、つまり開発等によって住民の権利が保障されないままやみ

写真 3-7　第 1 回日韓住民運動交流会の経験報告の様子

写真 3-8　第 1 回日韓住民運動交流会の経験報告の様子握手を交わす両国の代表

写真 3-9　第 1 回日韓住民運動交流会参加者による記念撮影（2000 年 11 月 7 日）

（全て筆者撮影）

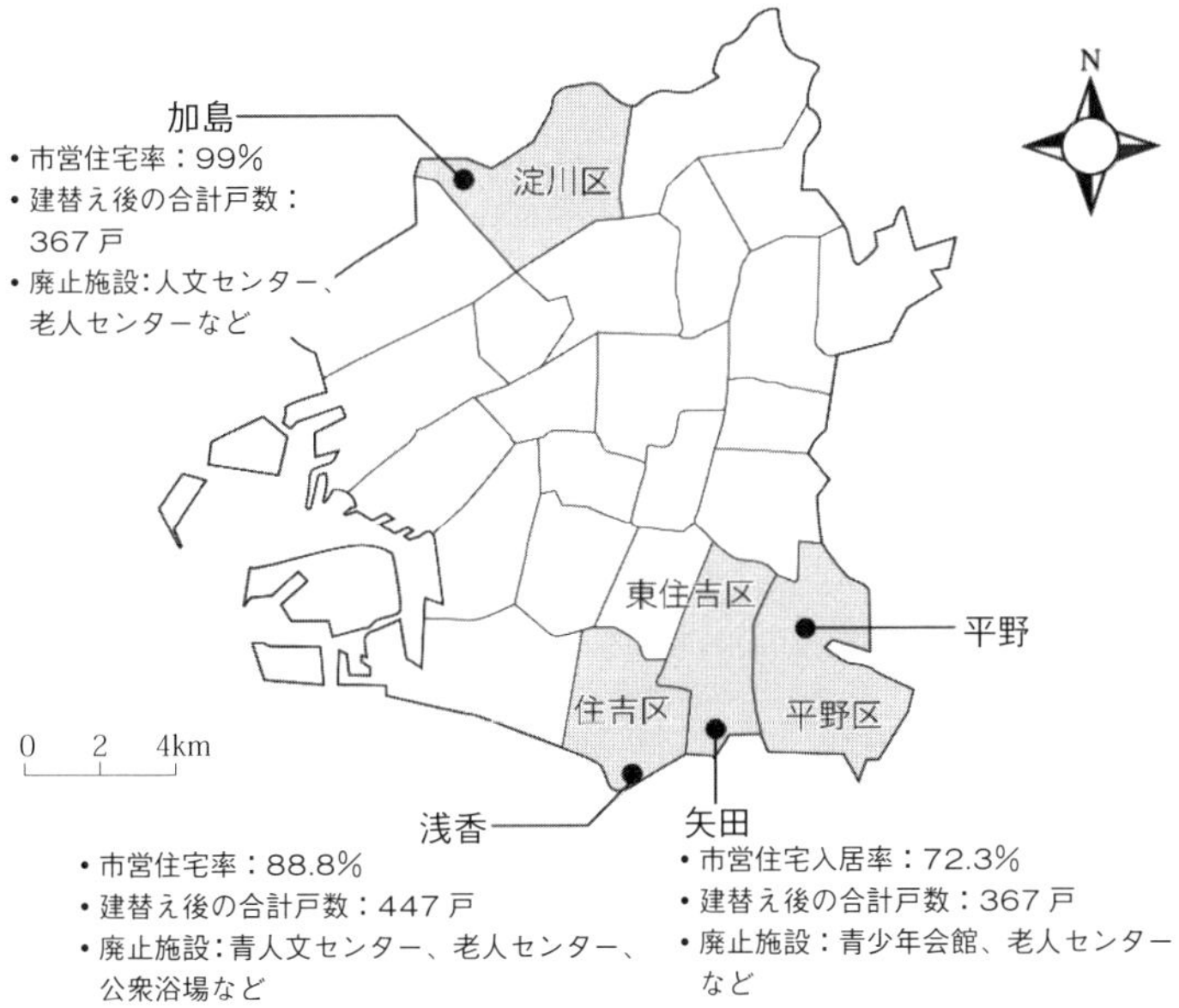

図 3-3　2009 年より共同のまちづくり研究会を開催して来た四つの地域

くもに追い立てられることに対して政策対案を模索するための研究や支援等を担当していた民間のシンクタンクとともに活動していたのである。この交流会はそのＩＬＭ館の二階にあった会議室で開催し、両国の貧困層のまちづくりにかかわる相互の経験交流を行った。

　こうした活動がきっかけとなり、筆者はこれらの地域の活動に深くかかわることになったので、そこを原点とするとほぼ四半世紀の経験の蓄積があると言っても過言ではない。

　次に、もう少しこれらの地域のまちづくりの経験を紹介しながら、それらの差別や反貧困に向けた闘いに加え住民の経験等を紹介したい。

　これらの内容は、二〇〇九年以降これ

までにそれぞれの地域とまちづくり共同研究会を開催する中で地域を巡回しながら訪問する中で集めた資料、そして住民のリーダーへの聞き取りを行う中でまとめたものである。住民の語りは、住民リーダーの紹介を受け協力に応じてくれた方がたを訪問し話を聞くことができた。

（2）四つの被差別地域共同まちづくりの歩み

ここで取り上げる被差別地域では、住宅システムの変更や同和対策関連諸施策が失効したこと等により、中堅ファミリー世帯の地域外への流出、ひとり親世帯や障がい者、高齢単身層等の生活困窮層の流入増加等を招き、地域活力の低下や地域経済の沈滞などの多くの課題に直面していることが報告されている。被差別地域、もしくは同和地区の環境改善においては、一九六九年の同和対策事業特別措置法（同対法）[9]の制定により多くの成果を上げてきたのも事実であるが、[10]二〇〇二年に同法が失効してからは厳しい状況に置かれている。さらに二〇一〇年に大阪では、地区内の関連施設が統廃合され、[11]使われなくなった施設や空き地を今後どのように活用していくのかが問われている。

本節では、大阪市内の被差別地域を対象に実施した各地区のまちづくりにかんするインタビュー調査や関連資料の分析結果を基に、各地区の現状や課題解決に向けた取り組みについて紹介する。[12]これらの地区を調査対象としたのは、先述したような市内被差別地域の内外環境の変化に伴い、二〇〇九年より新たなまちづくりに向けて市内にある四つの被差別地域が共同し、まちづくり研究会を組織してきたことが一つのきっかけとなっている。

さて、本節で対象としている被差別地域のまちづくりにかんしては、一九八〇年代から内田雄造氏が同和地区のまちづくりは日本のまちづくりの先進事例であると捉え、盛んに研究を行った。その中で、同和地区の住環境整備計画・事業の特徴とそれらが進捗した理由を調査し、一般地区のまちづくりを進める経験的資料として整理した（内田、一九九三）。また、一九九〇年代に入り、同和地区のまちづくりが要求型の箱物主義からＮＰＯ等を活用したソフト重視のまちづくりに転換してきている動向も指摘している（内田、二〇〇一）。

しかし、これらの中で同和地区のまちづくりの一般的な手法については詳しく述べられているが、

9　一九六九年に制定された同和対策事業の根拠法。一〇年間の時限立法として施行。一〇年後、三年間延長。その後、一九八二年「地域改善対策特別措置法」（地対法）が施行され、「同和対策」という名称から「地域改善対策」へ変更。一九八七年に「地域改善対策特定事業に係る国の財政上の特別措置に関する法律」（地対財特法）が施行。最終的には、二〇〇二年に国策としての同和対策事業は終焉した。

10　一九六九年から一九八五年の一六年間に環境整備事業に三兆八〇〇〇億円の公共投資（国、県、市町村）がなされ、同和地区居住部落民の約三分の二の住環境が大幅に改善された。また、住宅の個別更新のみならず、「住宅地区改良事業」や「小集落地区改良事業」等住環境整備事業も八三〇地区（一九八八年現在）にわたって大規模に実施されたことも本事業の実施による成果として挙げられよう（内田、一九九三：一九）。

11　地区内の施設として多くの住民に利用されてきた人権文化センター、老人福祉センター、青少年会館等の三館が統合され、二〇一〇年四月より市民交流センターとなった。その後、大阪市の財政難等が背景となり、同センターの運営さえも廃止となってしまった。現在は施設の解体工事が行われている。

12　本節は、二〇一一年に実施した以下の調査内容のうち、まちづくりに該当する内容を基に加筆修正したものである。調査は、市営住宅に居住する全住民を対象に行ったもので、調査の実施時期は、まず、質問紙調査を二〇一一年九月一日から二二日にかけて行った。その後、住民へのライフ・ヒストリー調査及び地域リーダーへのインタビュー調査を二〇一一年一一月から一二月までの期間中に実施した。本節は、地域リーダーへのインタビュー調査及び当時提供してもらった各地域のまちづくりにかかわる資料を分析した内容を基にしている。

具体的な地域の実態についてはあまり触れられていない。また、特に二〇〇二年の同対法失効後の同和地区の実態を明らかにした研究も他に見当たらないのが現状である。

本節では、以上のような背景の下、同和対策関連諸施策失効後の地域居住の実情と課題を把握するとともに、これまで取り組んできた地区まちづくりの成果と今後の新たなまちづくりに向けたビジョンを模索するため、大阪市内の三つの被差別地域（浅香地区・矢田地区・加島地区）の住民リーダーや住民当事者に対して行ったインタビュー調査や関連資料の分析から課題を検討することにしたい。

住民リーダーを調査対象に選定したのは、こうした調査によってそれまでの活動を地域問題の主体という視点から反芻しながら地域に山積した課題に対応する道筋を探すきっかけになることを期待するためである。また住民当事者に対しても二〇一一年に実施した調査の中から住民の生活経験等にかかわる語りを紹介することにしたい。こうしたやり方は、当時の調査実施に際してもそうであったけれど、研究者の介入によって問題の持ち主が自らの問題解決のエージェントとなっていくことを手助けすることに繋がると期待するためである。こうしたやり方を筆者は、本書のテーマでもある「アクションリサーチ」として行っている。

改めて述べておくと、アクションリサーチとは、常に変容過程にある社会が抱えている様々な問題に対して、研究者のみならず当事者が当該問題を「認知」し、研究者らとともにその解決策を「模索」し、当該問題から「解き放されていく」ための調査活動手法のことである。すなわち研究者があえて問題の中心地に飛び込み当事者とともに現状の変化を促す研究である。もちろんこれには研究者

（調査者）が地域に溶け込み問題当事者との深いラポールを形成することが前提になるということは言うまでもない。

1）「にんげんのまちのまちづくり」浅香地区のまちづくり――第一期は内部闘争と生活要求からの出発

浅香地域の住民は、大和川堤防沿いと河川敷の細長い土地に居住してきた（一九七四年の実態調査時には八〇〇世帯二五〇〇人、一九九〇年調査時には五七〇世帯一五〇〇人）。最初の成立は、一七〇四年に行われた大和川付け替え工事の後につくられた「杉本新田」が嚆矢として伝わっている。そのほとんどは不良住宅で、とりわけ堤防上にあった住宅は、毎年のように川の氾濫や浸水に遭う厳しい生活を余儀なくされてきた。そのような状況の中で、先に運動が始まった矢田地域の活動から学び、地域内の組織化が進められた。最初は最も住民のニーズが高かった住宅要求からであった。一九六五年に結成された住宅要求者組合に一五〇世帯が参加し活動が展開された。しかし、「寝た子を起こすな」という意識に馴染んでいた町内反対派は、これとは独自の「福祉住宅」を行政に要求する活動が行われ、住宅を取り巻くムラの中の活動は二分される羽目に陥ってしまった。そのような状況の中、一九六五年九月二四日に部落解放同盟浅香支部は結成され、町内反対派との葛藤が表面化した。反対派の中心的な主張は、要は当該地域が部落として「名前が出てしまうのが恐ろしい」ために、あえて名を出す必要はないという意見であった。そのため、支部側の活動は「部落を売り物にして騒

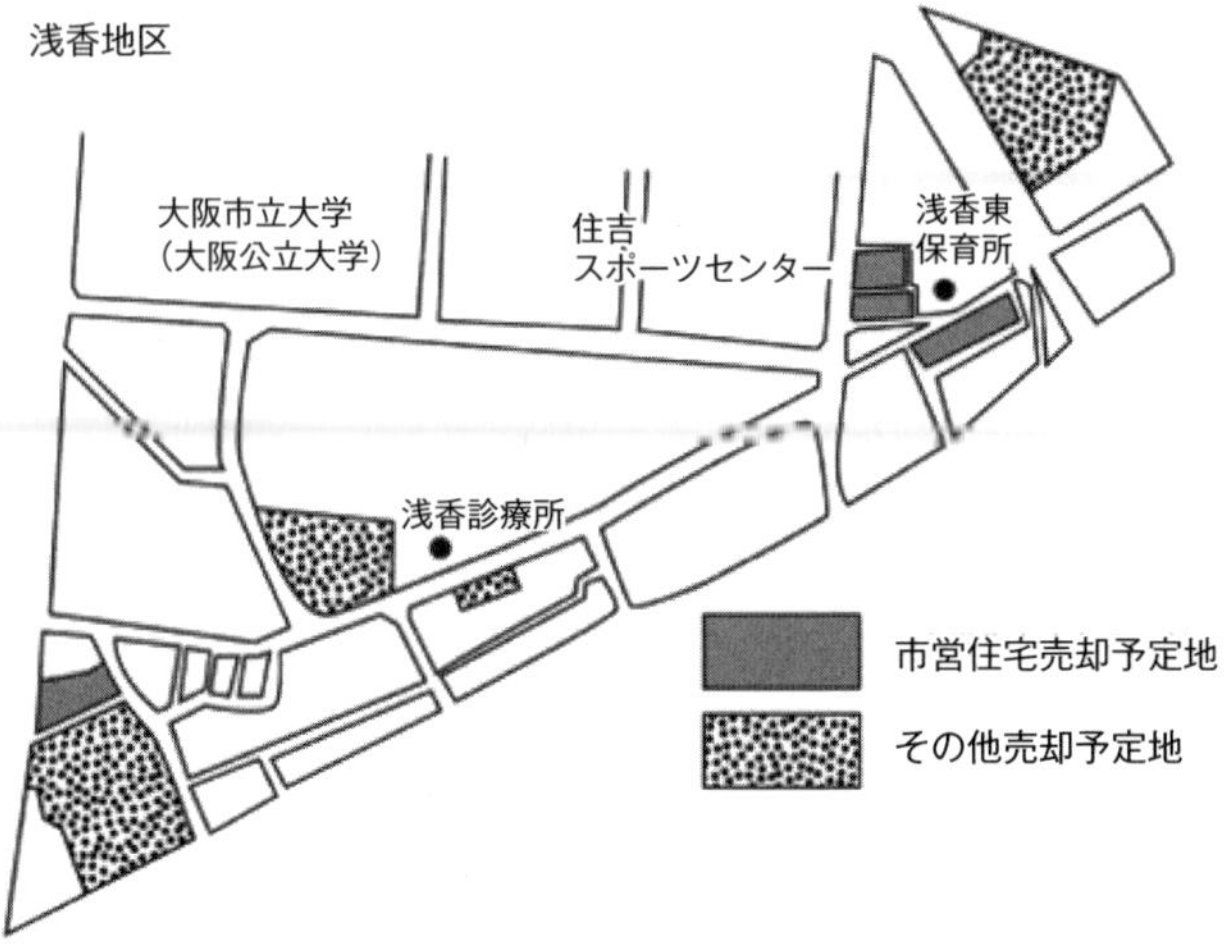

図 3-4　浅香地区の現況図

ぎ立てている」活動であり、「アカが騒ぐ」と終始非難した。

そんな中で一九六八年に住宅一五〇戸が建設され、入居をめぐってさらに内紛が激化した。その後「伊藤（当時大阪市会財政総務委員長）仲裁案」が提示され、町会側は「福祉住宅」という従来の主張を捨てて、「同和住宅」を認めることとなった。しかし、この事件は町内に大きなしこりを残すことになってしまった。

その後、「老人・こども問題」がきっかけとなり、町内のまとまりを求めて様々な活動が展開された。第一期の浅香支部には、要求組合としては住宅要求者組合、車友会、生業資金利用者組合の三つの組織があった。一方、下部組織としては、一九六六年に婦人部と青年部がそれぞれ結成され、子供会や保育守る会が一九六七年、高校友の会が一九六八年に結成された。しかし、この中で青年部と婦人部にかんしては、住宅闘争に全力を注いでいたためか、各種研究集会や研修会などを除いては独自の活動が展開されなかった。

2）支部組織の拡大・強化と町内統一への模索

一九七〇年からは支部組織の強化が図られ、青年部・婦人部の再建、教育守る会（一九七〇）他、各種要求組合の結成、整備などを通じて組織が確立されていった。そして、解放会館という活動拠点が開設（一九七二）された。

同時期の運動の内容としては、学校に対する教育闘争や保育運動が重視され、保・小・中ごとに教育共闘会議を通じて施設整備が行われた。一方、総合計画の樹立・実現を目指しては、共同声明、地区発展長期計画委員会が結成され、町内統一の動きを伴いながら、住宅要求闘争の枠を越えたまちづくり運動が発展した。そして、全戸実態調査（一九七四）を経て、全町的推進組織を目指した準備が整えられた。

3）まちづくり活動の本格化

一九七五年からは、まちづくりを軸とした総合計画運動と教育闘争が活発に行われた時期である。同時期、大阪市立大学の協力を得て実施された住宅調査（一九七五）によって被差別による劣悪な環境での生活実態が明らかにされた。その後、その結果に基づく総合計画（マスタープラン）が立てられ、主体としての総合計画実行委員会（一九七六）が結成された。これをきっかけに地域の問題を考えようとする雰囲気が住民の間で醸成された。

一方、地域内の教育問題についても取り組みが始まり、一九七〇年に我孫子中学校共闘会議、一九七一年に依羅小学校共闘会議が結成された。その他にも、中学三年生を対象に合宿を行った結果、全員が希望していた高校への合格を果たし運動への信用が増す契機にもなった。その後、さらなるまちづくりに向けて、地域全体の問題を優先課題として、個別の要求から「まち全体の問題」を重点に住民の学習を進めるとともに、マスタープランを基に統一要求（三大要求および緊急一〇項目要求、以下参照）を掲げて行政との交渉に臨んだ。ここで掲げられていた要求項目は次の通りである。

三大要求：①地下鉄車庫の全面撤去と跡地を同和対策用地として利用、②大和川護岸改修と河川敷住民の住宅確保・河川敷公園の建設、③堤防上の旧集落に住宅改良法を適用し全面整備

緊急一〇項目要求：①浅香診療所建設、②改良住宅五〇〇戸の建設、③自動車置場の建設、④新中学校の建設、⑤公衆浴場の建設、⑥共同作業場の建設、⑦身体障がい者施設の新設、⑧身体障がい者向け住宅の確保、⑨買い物センターの建設、⑩解放会館の増設

付随項目：東集会所の移転、保育所の増設、解放塾の増改築

これを基に、一九七六年には総合計画実行委員会が大阪市を相手に一八時間に及ぶ団体交渉を展開

し、大阪市に地域の要求を実現させる。この交渉には地区内住民の老若男女を問わず参加し、行政との対等な立場でテーブルを間に交渉を展開し、住民が自らの力を認識するとともに共通の課題を共有するきっかけにもなった。

その後の展開を時系列的に紹介すると次の通りである。

- 一九七七年：浅香診療所開設
- 一九七八年：浅香温泉新築・住宅二〇戸の供給
- 一九八一年：共同作業場の竣工
- 一九八七年：先述したように大阪市を相手に対市交渉で地下鉄車庫の全面撤去が確認された。

一九八四年には周辺住民にも呼びかけ、第1回地区研究集会が開催され、約一〇〇〇人が集まった。ここで周辺地区住民とともに跡地利用計画をつくるための構想を出し合い、「跡地利用まちづくり」に向けた共同作業を行った。この過程で部落だけの改善ではなく、周辺の住民が良くなる中で部落も良くなる方向に導いていくことが決まった。それを周辺住民に納得してもらうため、周辺町会を回り、説得を繰り返して協力を要請した。ここではこれまでの教育関係の取り組みや町会の付き合いが土台になった。それを経て、一九八七年六月七日に開催された第3回地区研究集会で次のような「街づくりの四つの理念」が提案された。

①生き生きとした人間の活力：「にんげんのまち」（解放のまち）
②ふれあい、助け合う：「住民自治のまち」

③八万人のふるさとに：「水と緑のまち」
④一人ひとりを大切に：「教育と文化のまち」

これを受けて、「街づくり推進協議会」（一九八八）が結成され、住吉区東部六連合町会を中心に結成（八万人）され、具体的な計画を周辺住民とともにつくる基盤が成立した。

・一九八八年：解放塾児童館の新設、同年一一月六日には地下鉄車庫の全面撤去と跡地活用のまちづくりを祝う「跡地祭り」を開催した。これは「街づくり推進協議会」が主催し、当時の大阪市長をはじめ各地から約四万人が参加した。その後同年一二月には地下鉄車庫の全面撤去が行われた。

一方、地域環境が次第に整備されていく中で、「地域外の人びととの連携が可能か、ともに地域の問題を考えていく視野や度量を持ちうるか」といった新たなまちづくりの課題が浮上し、それに対応するために、さらに新たなまちづくりに取り組んで来た。その中で整備されてきたのが次のような施設である。

・一九八九年：解放塾青年館の新設・浅香障がい者会館の開設・浅香解放会館の増設。この年に特記すべき事項として、地元の企業として「浅香パーソナルリレーション」を設立したことである。約一九〇名の従業員を雇用しており、従業員のほとんどは高齢者や障がい者等の社会的マイノリティとして構成されていることも特徴的とされ、その性格から考えても一般の企業とは異なる社会的企業としての経営を営んでいることが見て取れる。主な業務内容としてビルメンテナンス、警備等を請け負っている。また地域内に薬局を経営するなどの事業を展開しているが、ビルメンテナンス関係の契約先の九〇％が行政関係（地下鉄、東大阪、豊中、大阪市）となっている。その他大阪公立大学杉本キャンパスも担当している。

- 一九九三年：多目的グラウンド（浅香中央グラウンド）の供用開始
- 一九九四年：ＡＯＴＳ関西研修センターの開設
- 一九九五年：我孫子南中学校の開校
- 一九九六年：特別養護老人ホームの開設
- 一九九八年：中央公園開設および第２回跡地まつりの開催（約五万人参加）。この第２回跡地まつりに筆者も参加し地域住民との交流を行った（写真３－６参照）。
- 二〇〇〇年：住吉区スポーツセンターの開設

４）新しいまちづくりの推進

それまでに浅香地区のまちづくりの中心役であった「部落解放浅香地区総合計画実行委員会」は時代の任務を終えて二〇〇二年をもって発展的に解消し、新たなまちづくり運動の推進機構として同年一一月に「浅香まちづくり協議会」が発足した。協議会は、同盟員を基盤としない組織として町会役員・民生委員・保護司・ＰＴＡ役員などで構成されている。

- 二〇一〇年：一九六二年に設立した「社会福祉法人あさか会」と「熱と光」とが合併再編された。

法人の従業員数は約一七〇名で主な業務内容は、知的障がい者通所施設、同グループホーム、高齢者小規模多機能施設、ヘルパー派遣事業、訪問看護ステーション、ケアプランセンターなどがある。

次に、地域居住者から聞いたインタビュー内容を紹介する。

〇K氏、男、一九三五年大阪市浅香地区生まれ、四人兄弟の長男、中卒

インタビュー日時：二〇一一年一一月二九日

幼少時代の思い出

両親とも働いていた（父親は大工、母親は闇市で商売していた）こともあり、生活はそれほど苦しかった記憶はない。終戦後は、近くに進駐していた米軍から生活物資等をもらっていたそうである。中学卒業後は、戦後の厳しい経済事情が続いたこともあり、ムラの友だちと一緒に買い出しに出かけたり、ボロ買いの仕事に携わりながら家計を手伝っていた。

進駐軍から食品や生活用品等をもらっていたので苦しかった記憶はない。中学卒業後に、終戦後だったこともあり、友だちと阪和線沿いで「ボロ買い（＝くず屋）」をやっていた。それで稼いだお金は全部生活費に回した。当時他の子どもたちも皆やっていた。

青年期の過ごし方

一七～一八歳頃、当時は最も歯車が良かった時代だったので、飛田本通で、パチンコ屋を経営

していたが、一九五九年頃に、経営に失敗し、浅香に戻ってきた。その後、一九六五年の支部結成時まで「とび」の仕事に従事していた。ちょうどその時に感電事故に遭い、障がいを負うことになる。事故当時は、あまり制度等に詳しくなく、事故が起きてから三～四年は過ぎてから障がい認定を受けることになった。その後、地区内で鉄のスクラップの仕事を営んだ。最初は、町会派の青年部に入っていたが、その後支部側で活動した。当時は住宅要求闘争をめぐり、両派は激しく分裂していた。

差別経験

ムラの外の住民とは付き合う機会さえなく、地域は「陸の孤島」と言われ、杉本や我孫子からは地域的にも人間的にも遮られていた。

これは、「陸の孤島」って浅香のことを言うてるでしょう。ここは今、公園ができるけれども、ここらみんな畑やって。杉本と我孫子とか、そういうところだけ。普通の人らと話せえへんもん。例えば、リヤカーで女の人がくずを集めて、たまたま、どこどこの食堂でお金を払うといったら、「そこへ置いてて」って。だから受け取れへんわけ。「あんたのお金、汚れてるから」。

学校では、子どもたち同士もそれぞれのグループごとに分かれ、部落以外の子は、部落の子とは「付き合うな」と親に言われたりしていた。そのような背景もあり、小中学校の中では、しょっちゅう差別的な言葉が書かれた落書き事件が多発していた。さらに、家計の手伝いのため、小さい頃から仕事に従事し（「中学の時代から、学校戻ってきたら、ぼろを買いに電車に乗って行ってたという時代ですわ。それから和歌山とか海南とかに炭を買うたり。そうやって、それで米を買うたいうて、売りに来た。名古屋にも米を買いに行って、それを売ったとか、そういう時代でしたわ」）、学校に行くと同級生同士でも部落出身だという理由で差別を受け、傷つけられ、そのような背景が要因として考えられるが、成績の不振が続いたり、その結果、学校中退や進学をあきらめる子どもが多かったのである。

いろんな差別事件はあったよ、学校で。短冊で「部落の人間死ね」とか。七夕の短冊に、そういうのを書いてな。……落書き。黒板にいろいろ落書きされたという。誰が書いたというのはわからへんけどな、子どもや。そんなのが一つ一つ、学校、大体一九六〇年代。一九七〇年になったら、学力問題。高校へ行かれへんのや。さっき言うたけど、もう絶対に高校へ行かれへん。高校へ行っても中退がほとんどやね、ついていかれへん。高校に行ったとしてもついていかれへんから、みんな退学や。留年、退学な。全部が全部ちゃうやろうけどな。偉い子もおるやけどな、中には。圧倒的に高校退学やな。

そのような背景もあって、成長し結婚する時期となると、ほとんどのカップルは「部落同士」の結婚となることが多かった。

村の人の結婚というのは、ほとんど向野とか、矢田とか、住吉とか、そういう部落同士の結婚や。村の中のとか。いまだに、私たちは「まだ差別や」というけど、杉本やら我孫子から、浅香のもんと結婚した者あらへんよ。

就労経験

Ｋ氏は一度も安定した仕事に従事した経験がなく、それも差別が生み出した結果であることは想像に難くない。

既に述べたように、小中学校から「ぼろ買い」等に従事していたため、学校の教育をきちんと受けられず、学校の中でさえＫ氏を支えるような環境は期待できないまま、かえって差別を受けることもよくあった。これらの事情からＫ氏は、中学校を卒業するとすぐに働き手となり、土方やサツマイモの苗をリヤカーに載せて売りに行く仕事をやったりした。その後、浅香支部が結成される一九六五年頃までにとび職人としてしばらく働くが、感電事故に遭い、障がいを負うことになる。しかし、その後も自分なりの仕事を求めて、鉄のスクラップ業につく。当時地域内にあった空き地の一部に寄せ屋の小屋を建て、鉄を選別し売り捌いていた。後述するが、スクラップの仕事は、結婚後も夫婦で続けてやっていた。

放置した土地が。その土地のところに私がちっさい小屋を建てて、買うてきたやつをそこにいったん下ろして、そこで選別して売ってるという状態でしたんですわ。そういう時代があったんですわ。

解放運動に献身的であった妻との出会い

市大（大阪市立大学。現在、大阪公立大学）でおって、部落研に入ってたんですわ。浅香がこういう運動をしておる時、うちの家はこっちにあるけど、その下の土地は、うちの土地とちゃうけど、そこへ小屋を建てて「子ども会」というものを指導してたわけですわ。うちから電線を引っ張って、電気を送ってたんですわ。それで知り合うてね。という、経過からいうたら。

結婚して、子ども会活動をやってて。それ以後は、支部の女性の会の方をずっとやってもうてた。今、ボランティアの食事サービスの、そういうのね。ほんまボランティアで、手づくりでやってくれてるねん。

支部活動とのかかわり

支部結成当初から支部活動にかかわることとなり、三一～三二歳頃からは副支部長となって活動の中核を担当していた。

今は、年がいってきたから、今ある支部の相談役員やってるけど、昔は副支部長までやって、第一線でやってましたわな。それで今は若い者に任してるというかな、そういう状態ですわ。

わしは、一応、人会とかそんなのがあるけれども、正直な話、支部員だけでこれ、もっとないようなるんちゃうかと。その一つは外へ出てるものが、支部員になってる人がたくさんいてるわけですわ。地域の中では年いったらやめていく人がものすごく多いんやけど。何である支部員になってるかというたら、税対策があるわけですわ。税金の問題があるわけです。企業連のね。それは、支部が入らんとあかんことになってるわけです。それで、かろうじてやっているっていうのが現状ですな。それはこの中でも、支部員の人がたくさんいてやるけど、それは数は少のうなりました。これをどう立て直していくかというのが課題や。わしら今でも考えつかんもん。

現在の収入と生活

現在は、障がいを負っているということもあり、前からやってきた仕事を引き継いでやってはいるが、鉄を除いた家電の付属品を一部リサイクルする仕事で若干の収入を得ており、それに国民年金や障がい年金、そこから健康保険や介護保険料等を引くと、一〇万円弱の収入で生活している。

住まいは、地域内の市営住宅生活だが、以前と比べると団地での生活では、住民同士のかかわりが少なくっているように感じている。

わし、あんまり会わんのや。不思議と、団地に入ったら。団地に入ったら、浅香の者同士でもあんまり会わんもん。

困難と課題

運動の面では、求心力がなくなり、支部員の数も少なくなることや、比較的な安定層の世帯がどんどん地域から出ていく現象の中で、高齢の支部員が増え、その多くも支部員ではなくなっている現実を指摘している。

しんどさは、今のが一番しんどいのちがう。しんどいのは、正直いうて、今の方がしんどいと思いますわ。始めるときは、同和事業でみんな黙ってても付いてきた。それは、役員になれば、女性部にしろ、青年部にしろ、役員になったら偉そうに言えたわな。事業やってる同友会でもそうやし。身障組合もそうやったやな。みんな偉そうにできたわな。それは、事業の関係やんか。まあ、いったら。そんな時分には、まあ、しんどいわな。しんどさというもんが、わからへん。それと一番始めに結成するまでの間。その時のしんどさは、全然訳もわからんもんが解放同盟となった、そのしんどさと、今の何と。それは今のが、これからはしんどいのちがう。解放同盟の役を持ってる人は。初期の時やったら、まだ反対やとか。それは反対に対する闘争は出てもな。

そうそう。公務員は抜けるね。一応、名前は公務員って、われわれは言うけど、市職員ね。現業の人もおれば。ほとんど現業の人が多いな、公務員っていうのは。

一方、K氏の場合、差別撤廃運動の象徴的な事件となった「狭山闘争」[13]に中心的にかかわってきたが、これまでの同和対策事業の展開の中で本来重点的に取り組むべき運動の目標が希薄化し、事業や生業にかかわる経済的な側面のみが浮き彫りとなり、それが結局現在のような地区の姿を創り出してしまったのではと省察を行っている。以下では、それに関連して途中から加わった、他の住民との対話を一部紹介することにしたい。

男2：Kさんは、これ余談になるけども。どちらかというたら、運動の中でも同和事業じゃなくて、狭山闘争の方ね。

K　：狭山は、どんどんいってた。

男2：そういう、本来やらなあかんやつ。どっちかというたら、浅香の場合は、昔、同和事業の受け皿支部みたいになって。今、言うたように事業支部やねん。事業支部や。だから受け皿としての支部をやるけども、ほんまの差別をなくそう、撤廃しようというのが一番大きいのは狭山闘争や。

K　：だから、一番初め狭山取り組んだのは浅香では、先頭立ったんは私やから。もう、一連の行動を買ってやったし、狭山もずっといてたもん、私。

男2：みんな、「狭山よりも、生業資金に借りやなあかなん」ってなんねん。税金対策に企業連。そんなのばっかり、みんな。そういう。

K　：それが運動やと思ってる時代やった。

13　一九六三年五月に埼玉県狭山市で発生した女子高校生殺害事件（狭山事件）で、被差別部落の青年、石川一雄さんが犯人にでっち上げられた冤罪事件を契機に起きた再審闘争（『部落問題・人権辞典』新訂版、解放出版社、二〇〇一：三九四－三九九頁）。

次は先述した浅香地域のまちづくりに大きな影響を与えた矢田地域についての紹介である。

（3）「解放のまち、教育のまち、住民自治のまち」矢田地区のまちづくりの歩み

1）差別撤廃運動から始まる

矢田部落におけるまちづくりは、一九五一年に発生した矢田出身教師に対する結婚差別事件を契機に、青年有志によるパンフレット「明るい村」の作成・配布から始まった。しかし、ムラの中からの反応は厳しく、「寝た子を起こすな」という雰囲気に包まれていた。しかし、それに負けず立ちあがった人びとによって「冨田青年会」（一九五二）が設立され、自動車運転免許を取るための講習会を開くなど、深夜まで学習を行う活動が続いた。しかし、差別によって文字を知る機会を得なかった人びとにとって、これはいわゆる識字運動という意味合いをも持っていた。このような活動はその後府内に広がり、「車友会」へと発展していく。

2）反対・要求型運動の展開

一九五六年の「金属くず営業条例反対闘争」、一九五八年の「住宅要求期成同盟結成」「生業資金獲得闘争」を経て、一九五八年に部落解放同盟矢田支部が結成される。当時ムラの上層部による高利貸しのため多くの住民が苦しんでいた状況をなくすための、対行政交渉の成功例ともいうことができよ

う。その後、住宅要求期成同盟の活動は、一九五九年に西住宅、ブロック住宅の建設を勝ち取った。

3）共同闘争の展開

一九六〇年代からは、「狭山闘争」や一九六五年の同和対策審議会の答申に引き続き、一九六九年に制定された「同和対策特別措置法」を柱として運動が高揚し、共同闘争が飛躍的に前進した時期である。例えば、一九六七年に矢田同和教育推進協議会、一九六八年には矢田教育共闘会議、矢田部落解放総合計画委員会（一九六八）が結成され[14]、一九七三年に部落解放東住吉区民共闘会議、一九七四年には教育費を無償にする会が結成される。なお、最も特記すべきこととして、一九六八年に全国で初めての第一回部落解放矢田地区研究集会が開催され、その結果、総合計画の前進、学校建設、加配教員の獲得など、矢田における教育・解放・住民自治のまちづくり構想が大きく前進した。

その他にも障がい者会館（一九九三）、特別養護老人ホーム「花嵐」の建設（一九九五）や、社会福祉法人「ふれあい共生会」の設立、福祉ゾーン計画[15]へとつながり、それらは地区内の住民だけではなく、地区外からの利用も含めた、「にんげんにやさしいまちづくり」として具現化していった。

14　一九九六年に「部落解放矢田総合計画委員会」へと名称変更。

15　矢田福祉ゾーン計画委員会が一九九七～二〇〇〇年までに活動を展開した。「障がい者部会」、「在宅医療・福祉部会」、「医療専門チーム会議」の三部門により構成され、施設整備だけではなく、地域住民を中心に据えた「システム」の構築を目指して調査や議論、検討を行い、二〇〇二年二月には「矢田福祉ゾーン計画委員会報告」が発表された。この計画を実現するための実行部隊として発足されたのが矢田福祉推進委員会であった。

4）運動と事業の分離と連帯

一九八三年には同和対策の窓口が一本化され、同促協（同和事業促進協議会）方式の堅持が確認された。また、運動団体である解放同盟も、部落差別を始め一切の差別をなくしていくための対応に全力を尽くすという観点を確認しつつ「運動と事業の分離」を行った。そして、矢田支部の事務所内に置かれていた矢田地区協の事務室を分離し、人的にも兼任しないという立場で改革が進められた。これによって、矢田地区協は差別をなくすための運動を進めていく矢田支部から分離し、同和対策や、地域住民の総合的な生活相談の窓口として（二〇〇二年以降、東住吉矢田人権協会へと改称）、そして、矢田の住民の健康と生活を守る矢田生活協同組合の組織整備と併せて、矢田全域を対象に、老人・障がい者の福祉向上に取り組む社会福祉法人「ふれあい共生会」との連携が進められていった。

このような取り組みと並行して、矢田のまちづくりは、地区内外を問わず、「矢田は一つ」の理念を具現化するため、地域コミュニティ組織としての町会活動への参加や地区内における町会体制の確立を進め、連合町会、周辺地域との連携を深めていくための活動を展開してきた。先述した障がい者会館や「花嵐」の開設は、そのような過程の中で、矢田小学校の跡地利用をめぐり、矢田四連合町会との協議を経て開設に繋がったのである。

加えて、運動と事業の分離と関連して特記すべきこととして、一九九八年一一月に設立された、「株式会社ヒューマンコミュニティやた」を取り上げることができる。これは、地域の雇用拡大、とりわけ高齢者・障がい者が生きがいを持ち経済的自立を目指すための雇用確保を趣旨として設立された。雇用にかんしては、地域内だけではなく、近隣町会にまで雇用保障を広げた点も特徴的であるといえよう。

5）法失効後のまちづくりの展開

二〇〇〇年代に入り、生協を取り巻く一連の不協和音により組織的な困難を経験したこともあったが、その後、組織再編と同和対策を乗り越えたさらなる自立と共生のまちづくりに向けてまい進し、二〇〇三年にはNPO法人「共生と自立のまちづくりふれあい」を設立した。二〇〇四年には、同和地域内における住宅改良を目的とした「矢田中住宅地区改良まちづくり協議会」が発足する。この中で、同和対策事業の枠組みの中に安住するまちづくりではなく、住民自らが知恵を出し合い、行政とのパートナシップの下で、差別のない人権のまちづくりを考えるための新たな枠組みを整備する取り組みを続けてきた。とりわけ、行政依存体質から脱却するという意味でも、自前の支部事務所の設置に向けた取り組みが始まり、支部関連のこれまでの基金を一本化するとともに、事務所建設費用および財団法人の立ち上げに必要な基本財産を拠出し、二〇〇六年四月に財団法人「結愛ネットワーク矢田」の設立、同年八月には新しいまちづくりの拠点としての「ゆうあいセンター」の建設にたどりつくことができたのである。

《参考資料：矢田地区にかかわる組織・団体の概要》

〈特措法以前から存在する組織〉

①部落解放同盟矢田支部

一九五八年九月結成。矢田地区における解放運動の母体として、特措法時代には一〇〇〇名を超える同盟員を組織していた。現在の同盟員は二〇〇名、二〇〇六年に自前の運動拠点として、ゆうあいセンターに移転。六五歳以上同盟員：四四％、平均年齢：五九・六歳、団地居住者：五二％、団地外（地区外含む）：四八％

②一般社団法人大阪市東住吉矢田人権協会

一九五四年に大阪市同和事業促進協議会矢田地区協議会として発足。同和対策事業の窓口・管理・運営組織として、矢田地区の議会的役割を果たす。現在は一九八三年の運動と事業の分離による改革により、支部との完全分離が行われた（本文参照）。二〇一〇年二月、一般社団法人の認可を得て、同年四月より市民交流センターひがしすみよしの指定管理を受ける。

③矢田生活協同組合

一九五九年に設立。生協法人として登記されているが、二〇〇二年までは生協としては組織運営されていなかった。二〇〇二年以降、大阪府の指導を受け運営を立て直す。現在は、組合員約五〇〇人。医療センターの運営と共同販売所の営業を担当。

④矢田同和・人権教育推進協議会

一九六八年に結成。当初は矢田小・中の教師グループと矢田支部・解放会館職員により構成され、矢田の解放教育の推進母体として第一回矢田地区研究集会を成功させた。現在は名称を変えて存続している。矢田七校・保育所・矢田支部・人権協会等で構成され、新転任研修・地区研・矢田のまつり等の活動の中心的な役割を果たしている。

⑤矢田教育共闘会議

一九六八年に結成。差別越境根絶をきっかけに結成されたが、一九六九年の矢田教育差別事件糾弾闘争を経て、矢田の同和加配・学校建設の中心的役割を果たす。現在は、矢田同推協と両輪で、矢田の解放教育運動の推進力として重要な役割を担っている。矢田七校のＰＴＡも加盟し、毎年二月に行われる教育委員会との対市交渉ではＰＴＡからの要望を重視している。

⑥車友会

支部結成以前の一九五五年に結成。全国初の自動車免許取得運動を就労保障の一環として取り組む。識字教室の先駆的役割を果たす。特措法の施行後、補助金が支給されることにより、地区内の免許取得率も向上した。現在は、役割を終えて解散。

⑦部落解放子ども会

一九五九年に、大阪教育大学（当時大阪学芸大学）の学生の協力により結成。一九七〇年に学童保育として再出発し、一九七二年からは青少年会館を拠点に専任指導員が配置され、「官製子ども会」として活動が始まったが現在は解散（新たに立ち上げた教育ＮＰＯで再組織化の取り組みが進められている）。

⑧住宅要求期成同盟

一九五七年、切実な部落住民の思いを結集して結成され、部落解放同盟矢田支部の原動力となる。支部結成後は支部の組織に含められ、その後の住宅要求闘争で大きな成果を上げる。特措法失効後は、住宅要求者組合（矢田支部）及び住宅入居者組合（人権協会）として存続したが、現在は連合入居者組合として残っている。

⑨社会福祉法人ふれあい共生会

一九九四年設立。事業は高齢者サービス部門、住宅・障がい者サービス部門、大阪市指定管理事業を展開している。職員約二一五名。

⑩大和太鼓「夢幻」

一九九〇年に結成したが、法失効後は支部から独立し、人権協会の啓発部隊として活動中。

⑪教育費を無償にする会

一九七四年に結成。解放運動に学び、憲法で保障された「義務教育は無償」という精神を具体化させるため、特別就学援助制度の拡充を求めて闘い、矢田七校のＰＴＡ会員の横の繋がり・統一という面で大きな成果を上げた。二〇〇九年に解散。

⑫教育守る会・保育守る会

一九六九年に結成。同和対策事業の保育物品・保育所の入所推薦、特就費、高校奨学金、大学奨学金等の受給者団体として組織された。同時に親の就労権、子どもの教育権を守る組織として、当初は支部の組織に位置付けられたが、一九八二年の運動と事業の分離以降は、人権協会（当時は地区協）の構成組織として位置付けられた。法期限後、教育守る会は、教育育成会と名称を変え、支部の自主的な組織として存続したが、現在は活動停止中。教育ＮＰＯの活動の中で再組織化を模索。保育守る会は、教育の森保育所保護者会として存続。

⑬妊産婦守る会

法期限後、自然消滅。

⑭高校友の会・大学の友の会

教育守る会と同時期に結成。高校奨学金・大学奨学金の受給者組織であると同時に、矢田支部青年部の活動の一環として青年の組織化の役割を担う。法期限後は組織化されていない。

⑮矢田環境整備事業従業員労働組合

一九七六年結成。仕事保障の闘いの中で、仕事要求者組合で活動していた人たちの中に公務員採用の年齢を越える人が出てきたため、その人びとの仕事を保障するため、矢田地区内の環境整備事業を大阪市に認めさせ、雇用の確保を行う組織として結成。四五歳以上の中高齢者が対象。矢田支部の中核組織として大きな役割を果たし、法期限後は矢田支部老人部として再組織化される。

⑯資源再生業協同組合

一九七七年設立。地区内の廃品回収業者の自立促進及び公害防止の観点から、大阪市が共同作業場の新設を行った。二〇〇八年夏、大阪市より二〇〇九年三月末をもって共同作業場を閉鎖したいとの一方的な通告があり、二〇〇九年夏より立ち退き訴訟を行ってきた。二〇一〇年五月に和解が成立。

⑰仕事要求者組合

車友会の精神を受け継ぎ、仕事保障、とりわけ公務員現業労働者への採用実現を目指して活動。仕事に就いた後は支部公務員部会に結集し、支部活動の中心的役割を担う。現在は役割を終えて解散。

⑱部落解放東住吉・平野区民共闘会議

一九七二年の南大阪狭山青年共闘会議を母体として一九七三年に結成。「部落の解放なくして労働者の解放なし。労働者の解放なくして部落の解放なし」を合言葉に、狭山闘争を中心とした部落解放に向けた労働者・区民の共闘組織として活躍した。現在は「東南フォーラム平和・人権・環境」と名称を変え、より幅広い組織として存続。

⑲（株）H・C矢田

一九九八年設立。当時支部として実施していた事業部門を、コンプライアンス上切り離し、株式会社として実施。現在も小規模で営業中。

〈特措法後に生まれた組織〉

①NPO法人自立と共生のまちづくりふれあい：二〇〇三年設立。

②矢田中地区改良まちづくり協議会：二〇〇五年設立。

③財団法人結愛ネットワーク矢田：二〇〇六年設立。

④NPO法人教育・夢ねっと矢田：二〇〇九年設立。
⑤矢田地域会議：二〇〇六年三位会の引き継ぎ組織。矢田地域の政策会議的役割を担う。
⑥墓地管理組合：二〇〇九年設立。
⑦地域清掃実行委員会：二〇一〇年設立大和川桜保存会。

（4）加島地区のまちづくりの歩み

1）西大阪水平社の創立から始まる

加島地区における自覚的な部落解放運動は、一九二三年四月三日の西大阪水平社の創立に始まる。創立された西大阪水平社は、当時の水平運動の基本的戦術であった差別に対する徹底的糾弾闘争を開始した。西大阪水平社の最大の闘いは、香蓑小学校差別糾弾・同盟休校闘争である。この闘争は、全国水平社本部・全国水平社青年同盟の指導と支援を受け、小学校の児童を含めた村ぐるみの争いに発展した。

2）東淀川同促協による地区改善事業の展開

一九五三年、加島・日之出・飛鳥・南方の四地区は、東淀川同和事業促進協議会をつくり、区内の同和事業を進め、共同浴場、保育所、診療所などの設立を中心に活動を展開した。同年九月に青年会館が落成し、その隣に児童館を新設する。さらにこの青年会館を利用して一九五五年四月から村で保育事業が始められ、五八年三月二日には、財団法人加島保育園として認可されることとなった。加島浴場は、一九三四年七月に大阪市の改善事業として開設されたものであったが、戦禍に遭い、数回の大阪市との交渉の末、一九五八年七月に鉄筋コンクリートの浴場が新築され、さらに一九六〇年六月には改築工事が行われた。一九五六年四月に建てられた町営理髪館と共同浴場の収益金はすべて保育園の経営に充てられ、早くから子どもの育成に力を入れていた。

3）反対・要求型運動の展開

加島の部落大衆が劣悪な環境にあえいでいた一九五七年頃、村の南側に位置する、広大な蓮根畑や水田に突如木造市営住宅が建設されたが、加島の部落住民は不安定な収入のため、ほとんどが入居できなかった。ちょうどその頃から市内ブロックの住宅要求闘争が盛り上がり、加島にも一九六一年三月に加島鉄筋公営住宅一号館が落成した。

その後、住宅要求に留まらず、諸々の要求闘争に立ち上がり、生業資金獲得闘争、自動車免許取得の活動を展開するようになる。

4）支部結成と共同闘争の展開

一九六一年、内閣内に「同和」対策審議会がつくられ、六五年に「同対審」答申が出されたことを機に全国各地の被差別部落に同盟支部の組織化が進む。それまで支部の存在が曖昧な状態であった加島でも、一九六五年五月二九日に大阪府連から勧誘が入り、部落解放同盟大阪府連合会加島支部が正式に結成された。

一九六九年に特措法が制定されると、加島支部でも「特措法」即時具現化のため、部落住民の要求の掘り起こし、同盟支部の組織強化・拡大を進めた。「同一要求・同一組織」の原則に基づいて、支部の指導の下に各要求組合（保育を守る会一九六九年、教育を守る会一九七〇年、加島子ども会一九七一年に結成）が次々と結成された。

一九七七年、部落解放加島地区総合計画実行委員会が各組織、共闘組織を結集して結成された。「解放の町」「教育の町」「住民自治の町」を目指して、各専門部会での討議を積み重ね、四項目の「基本要求」、二九項目の「具体的要求」の要求書が作成された。その後、対市交渉を重ねるも、大阪市の対応は鈍く、総合計画が遅々として進まなかったため、加島支部は要求の実現のため三津屋・加島地区住民の総力をあげた闘いを提起し、七七年一二月三、四日に第一回部落解放加島地区研究集会を開催した。さらに七八年九月七日、加島・三津屋地区住民の総意に基づいた「三大要求」[16]の実現のため、一九七八年九月七日、大阪市役所を包囲する一大闘争を展開した。加島支部、教育共闘会議、PTA、共闘労組を中心にした幅広い共同闘争の力による市役所包囲闘争は大きな成果を勝ち取り、要求は徐々に実現していった。例えば、青少年センター、都市公園の完成、小・中学校のマスタープ

16　「三大要求」とは「部落解放の立場から中外炉あと地を確保し、利用計画を明らかにせよ」「小・中マスタープランの早期実現」「加島地区総合計画の早期実現」であった（加島支部結成二〇周年記念「荊冠旗を高く掲げて」一九八六より）。

ランは一部修正があったものの実現、教育条件が大きく改善され、加島部落の環境改善も進んだ。

5) 校区のまちづくりの展開

当時の国鉄の片福連絡線「加島駅」構想に基づき、一九八八年、加島地区街づくり実行委員会[17]を校区の全町会参加のもとに結成した。加島駅周辺約一〇ヘクタールの土地区画整理事業が事業化され、駅周辺を中心にマンションや住宅建設の整備が行われて街並みは大きく様変わりした。これらの過程で、加島支部はこれまでの運動で培ってきたノウハウを地域のまちづくりに活かしてきた。また一九九七年には加島地区まちづくり実行委員会が大阪市まちづくり支援制度の認定団体となり、五年間の活動助成を受け、コンサルタントの協力も得ながら加島全体の一一町会の抱える課題の洗い出しとワークショップを行い、二〇〇三年に「加島地区まちづくり基本構想」を大阪市に提出した。

6) 福祉のまちづくりの展開

一九七〇年頃から休眠状態となっていた財団法人加島保育園を、一九九一年に社会福祉法人加島友愛会に転換したことが転機となり、加島部落を含む加島・三津屋地域全体の取り組みをふまえ、「福祉のまちづくり」運動の一環として諸施設がつくられた。一九九一年に知的障がい者通所施設「加島希望の家」、一九九六年に美津島地域在宅デイサービスステーション「加寿苑」を開設し、二〇〇〇年には特別養護老人ホーム「加寿苑」を併設した。さらに二〇〇一年には知的障がい者入所更生施設

「アンダンテ加島」を開所している。

同和対策事業による高齢者対策の一環として一九七三年に開設された加島老人福祉センターは、二〇〇六年度末に公的施設としては廃止されたが、二〇〇八年度からは地元の「NPO法人スイスイ・すていしょん」が施設の管理を受託し、多機能・多目的な利用形態で運営している。

《参考資料：加島地区にかかわる組織・団体の概要》

〈特措法失効以前から存在する組織〉

①部落解放同盟加島支部

一九六五年五月結成。現在の同盟員は四三二名。二〇〇七年からは「コミュニティかしま」に事務所をおいて活動している。

六五歳以上同盟員：四三・七％、地区内居住者：七八・二％、地区外居住者：二一・八％

②加島住宅要求期成同盟

一九六二年五月結成。住宅建設の際の入居分配をめぐり解放同盟と対立。一九六七年の東住宅一斉入居の際、期成同盟全員が支部に入会し、統一の第一歩となる。

③加島支部婦人部

一九六二年に部落解放同盟加島支部婦人部が結成されるが、加島には従来より加島婦人会があり、

17　二〇〇〇年に、まちづくり実行委員会と名称変更。

婦人会と支部婦人部との統一を求める声が高まり、一九六八年に一本化された加島支部婦人部が結成される。

④保育守る会：一九六九年結成。
⑤妊産婦会：一九七〇年結成。
⑥教育守る会：一九七〇年結成。
⑦加島地区住宅要求者組合：一九七〇年結成。
⑧加島支部青年部：一九七一年結成。
⑨部落解放子ども会：一九七一年結成。
⑩加島・三津屋地区同和教育推進協議会：一九七三年結成。
⑪加島・三津屋教育条件改善要求実行委員会：一九七四年結成。
⑫教育共闘会議：一九七七年結成。
⑬部落解放総合計画実行委員会：一九七七年結成。
⑭加島・三津屋地区同和教育推進協議会：一九八一年結成。
⑮加島地区「街」づくり実行委員会：一九八八年結成。
⑯社会福祉法人加島友愛会：一九九一年設立。

〈特措法失効後に生まれた組織〉

①かしま人権協会：二〇〇二年発足。
②NPO法人スイスイすていしょん：二〇〇四年設立。
③一般社団法人淀川人権文化協会：二〇〇九年設立。

参考文献

内田雄造（一九九三）『同和地区のまちづくり論——環境整備計画・事業に関する研究』明石書店
内田雄造・大谷英二（二〇〇一）「転換期にある同和地区のまちづくりが今後の日本のまちづくりに示唆すること」二〇〇一年度第三六回日本都市計画学会学術研究論文集

3. 地区共同のまちづくりに向けた新しい拠点――まちづくり合同会社「ＡＫＹインクルーシブコミュニティ研究所」の発足

(1) ＡＫＹインクルーシブコミュニティ研究所の設立経緯と活動の概要

先述したように、大阪市内にある被差別部落のうち三地域では相互の支部結成からまちづくりにかかわる経験共有を図ってきた。その後、二〇一一年に実施した四地区共同地域実態調査を経て、共同の取り組みをより具体的な形にしていくことを模索し始めた。これは実は二〇〇九年以降続けてきたまちづくり共同研究会の場でも何度も議題に上がったことだった。四地区共同調査の後、それはより具体的な現実として創り出されることになる。それがまちづくり合同会社「ＡＫＹインクルーシブコミュニティ研究所（以下、ＡＫＹ研究所）」である。

ＡＫＹ研究所の始まりは、大阪市立大学都市研究プラザ（現在、大阪公立大学都市科学・防災研究センター）との連携の下、二〇〇九年から始まった有志の集まりが背景にある。その後、地区共同のまちづくりを模索するための定例研究会を、当初は平野地区を加えた四地区持ち回りで開催してきた。地域問題に対し、個別対応するのではなく、地区が協働して連携しながらまちづくりを進めることへの重要性や、地域を束ねるための拠点組織構築の必要性を共有したのである。そして、地域課題をともに考えるために各地域の持ち回りで研究会を開催してきた。

それは、地域が置かれている現況や課題を共有する場となり、研究会を積み重ねるうちに、地域共同のまちづくりを進めるための組織づくりの必要性を切に感じるようになった。それが基盤となり、「まちづくり合同会社」の設立に向けた検討が始まった。各地区の抱えている課題が、地区内に留まらず、地区外へと連動して広がる状況の中、問題を一地区だけのものとして留めることなく地区を越えた地域共同のまちづくりへと展開していくためのコーディネート組織として、まちづくり合同会社の設立準備が合意されたのである。地域が抱える課題をより詳細に把握するため、筆者が研究代表者として二〇一〇年度三菱財団社会福祉事業・研究助成に採択され、地区共同の地域実態調査を進めることになった。調査は、当事者参加型のアクションリサーチとして進められ、多くの地区住民や住民リーダーの参加を得て、全世帯を対象に調査が進められた。調査の結果浮上した課題は、高齢者や障がい者をはじめ、生活が極めて厳しい世帯の存在であった。中でも単身高齢世帯の増加が目立ち、大阪市によって二〇一〇年以降進められた三館統合により、地域内のコミュニティスペースや交流空間が縮減して、地区内外との社会関係が断絶したり孤立したりすることへの危惧が高まった。また、空き施設や空き地となった地域の遊休資源の活用に向けた課題も相まって、新たな地域課題にいかに対応していくかが焦点となった。さらにその課題が、地区内だけではなく、他の地区にも共通していることが、二〇一一年以後続けてきた研究会や実態調査の結果を通して確認され、解決に向けたアクションを起こしていくための拠点組織として、「コミュニティ開発会社（まちづくり合同会社）」を地区共同によって設立することになったのである。設立に必要な初期資金は、タイのバンコクを拠点として活動している先述した居住の権利のためのアジア連合（ＡＣＨＲ）によって実施したＡＣＣＡ

（コミュニティアクションのためのアジア連合）プログラムの資金助成（三万ドル）への応募に加え、マッチングファンドとして地区ごとに拠出金を出し合い、資本金に充てることにした。

設立当初のまちづくり合同会社は、本格的な地区開発を進めていくための整地過程として考え、各地区の懸案課題（大都市における限界集落、居住世帯のアンバランス、若者及び単身高齢世帯の支援課題等）に基づいた、地区及び地域共同のアクションプラン・プログラムの作成・提案（地区内の空き施設等を活用して課題解決に向けたアクションプランの案出、パイロットプログラム（留学生宿舎及び多文化間交流事業、家事代行・買い物代行・コミュニティベースの住宅管理事業団等）を事業アイデアとして提案）、先進事例の紹介及び共有、まちづくり研究会の開催企画、地域間の人材交流の促進、地域再生関連の事業助成等への積極的な応募等、まちづくり活動のコーディネート・調査研究・コンサルティングに重点を置いた活動内容とすることにした。

また、ACCAからの活動資金の助成を受けていることを鑑み、助成趣旨を十分踏まえた上で事業計画を考えることにした（つまり、アジアの貧困問題と先進都市の貧困問題が通底しており、それにかんする課題解決への取り組みが相互シナジーとなり得るよう、交流チャネルの活性化にも努める）。

ACCAの資金が確保でき、二〇一六年一一月二日、上記合同会社が正式に発足した。

以下では、設立の前後に実施した事業の概要について簡単に紹介することにしたい。

まず、社会資源を活用したコミュニティ再生拠点形成事業の展開である。これは、市営住宅の空き住戸を活用したコミュニティビジネス活動拠点事業の一環として実施したものである。当初は二ヶ所

写真 3-10 台北市内の幸福フードバンクを訪問して

写真 3-11 輔仁大学社会的企業研究科との交流

が稼動していたが、現在はコミュニティビジネスの拠点施設として、ふれあいカフェ「コスモス」が営業している。現在「コスモス」は、地域内在住の高齢者のふれあいの場としても積極的な役割を果たしている。その他にも二〇一四年から東アジア都市間の経験交流を積極的に進めてきた。例えば、韓国貧困地域住民運動グループとの訪問交流では、地域住民の就労問題への対応として、韓国で活発な活動が行われている、貧困地域住民当事者による社会的企業活動を視察し、経験交流を行うことを通じて日本での応用可能性を探った。また、台北国民住宅住民との高齢者支援にかかわる経験交流も実施し、各地区が抱えている問題及び実践経験の共有と、地区内のまち歩きを通じたまちづくりの経験交流を行った。

(2) 国内外の交流の推進と地域共通の課題解決に向けたまちづくりの試み

これを引き継いで二〇一六年には台北を訪問し、国民住宅団地を中心とした多様な地域実践について学ぶ交流活動を実施した。

四地区まちづくり研究会から行ってきた定例研究会は、「同和地区共同まちづくり研究会」が主催となり、二〇一四年度からは文科省補助事業共同利用共同研究拠点として採択された、大阪市立大学(現在大阪公立大学)先端的都市研究拠点のバックアップを受けている。また、ＡＣＣＡからの助成も得て、三地区が共同でコミュニティ主導の地域開発事業に取り組むために、まちづくり合同会社の発足に向けた共同研究会を定例で開催し、合同会社の設立という形で結実した。本研究会の中で取り上げられた共通認識は次の通りである。

まず、地区の連帯の再確認である。三地区リーダー及び若手のメンバーの参加による、地区共同の取り組みに向けた議論の場の設定である。

第二に、次世代若手人材の発掘及び育成である。地区内外から若手人材を見つけ出し、まちづくり研究会のメーリングリスト及びオンサイトでの交流の機会を増やしていくことを通じ、ネットワークの輪の拡大及び人材育成に資することである。

第三に、新たな社会的な資源の開発に向け、外部講師によるレクチャー、海外及び地域外の先進事例についての学習を行うことである。

地区在住の若年層や中堅ファミリー層の減少や高齢世帯、とりわけ単身高齢世帯や障がい者世帯など、生活が困窮している地域住民が増加し、さらにそれに追い討ちをかける形で地区内のコミュニティ施設が縮減している。一方で地区内の遊休資源が増えているなか、住民の生活を支え、地域に活力をもたらす新たな社会資源を開発していくことは、地区課題を越えた、地域共通の新たなまちづくりの課題である。

AKY研究所は、まだ設立から間もないこともあり、資金等の規模面では脆弱な点があるものの、地区内外の資源を動員し、かつ繋ぎ合わせる形で問題に立ち向かおうとしている。さらに地域連携による新たなまちづくりモデルを、「社会開発型地域再生のまちづくり」に発展させ、あらゆる人びとが集い営む生活が新たな生のチャンスへと繋がっていくような、にんげんのまちづくり、機会創生のまちづくりへと発展するよう、今後も一層の力を注いでいくことが求められている。
・以降では、こうした経緯によって発足したＡＫＹ研究所によって実施された調査のうち特徴的な内容について紹介しよう。

（３）外国にルーツを持つ子どもの生活と進学支援に向けたアクションリサーチ

これから紹介するアクションリサーチの内容は、被差別部落地域共同のまちづくりにかかわるコーディネーターとして地元密着型で活動している「ＡＫＹインクルーシブコミュニティ研究所」が、この数年実施してきた一連の子どもの貧困関連行事の延長で実施したものである。ここでは、同活動との関連で実施した研究会やセミナー、そして調査内容の概要を紹介するとともに、そこから見えてきたいくつかの知見を述べることにしたい。

最初に、本アクションリサーチの課題と関連して重要なキーワードである、「エスニック文化権」を取り上げる。川本（二〇一八）によると「エスニック文化権」とは、「エスニック集団や宗教的マイノリティが、支配的社会の経済制度及び政治制度における成功を妨げられることなく、自分たちの文化の独自性や文化への誇りを表明するのを援助するためのものである」と説明する。約二九〇万人に及ぶ外国籍住民が居住する日本社会において、これらの移住者の家庭で育つ移民二世・三世の生活や教育、そして社会的包摂を考える際に、もはやこうした観点を抜きにしては語ることができなくなっているように思われる。近年、マスコミ等でも外国にルーツを持つ生徒の日本語教育や高校進学への支援等が重要なイシューとして取り上げられるようになった。[18] しかし、それに先立ち、これらの外国にルーツを持つ生徒には、同化を強要するのではなく、彼ら・彼女らが持っている言語や文化、宗教や規範等を権利として捉え、継続的な支援の対象とする取り組みが重要である。

ＡＫＹ研究所が活動している地域には以前から在日コリアンが多く居住しており、差別撤廃に向けた様々な活動にも共同で対応してきた歴史を持つ。一方、地域のまちづくりの中で開設された「海外産業人材育成協会（ＡＯＴＳ）関西研修センター」には、日本で働くために来日した多くの技能実習生等が日本語や日本文化を学びながら生活しており、地元の祭りなど地域の行事にも積極的に参加するなど、地域内での交流も盛んに行われてきた。また近年は、地域内の戸建て等にも外国人と見られる名札が増えるなど、地域内部でも国際化の様子が見られるようになった。そのような背景の下、地域内の中学校では、新規来日の外国人を対象とした、ボランティアによる日本語教室が行われるなど、「内なる国際化」に見合うような外国人との地域共生に向けた取り組みも活発に行われている。このような流れの中で、ＡＫＹ研究所は、大阪市立大学都市研究プラザ（現在、大阪公立大学都市科学・防災研究センター）をはじめとする関連研究者と共同で、近年全国的にも増え続けていると報じられている、外国にルーツを持つ子どもの実態を把握し、それらの支援課題を地域共同で模索していくための一連のプログラムを実施してきた。次は、これまでの活動を振り返って概要について紹介する。

18　「外国籍の子の就学支援策、文科省が通知　「学齢簿」に記載／高校入試で配慮」（朝日新聞、二〇二〇年七月二七日付）、「外国人児童生徒、自治体の日本語教室増」（朝日新聞、名古屋共通・地域総合、二〇二〇年一二月二六日付）。

（4）外国にルーツを持つ子どもの支援にかかわる各種研究会やシンポジウム等の開催

まず、二〇一七年には、「外国にルーツを持つ子どもたちを支える学校と地域づくり」をテーマにした国際シンポジウムを開催した。

同シンポジウムの冒頭では、バイリンガル教育や多文化教育が学校現場で幅広く行われている韓国の現状を日本と比較しながら、「外国にルーツを持つ子どもたちを取り巻く日韓の現状と課題」について検討するためのシンポジウムであることが述べられた。それに次いで、「韓国における外国にルーツを持つ子どもの現状とバイリンガル教育政策の実践」についての基調講演が行われた。これを受け日本からは、八尾市でベトナムルーツの子どもを対象とした母語・母文化教育の実践を行っている「特定非営利活動法人トッカビ」の実践報告、そして多くの日系人が居住し外国人集住都市としても知られる浜松市を事例に、「浜松市における外国にルーツを持つ子どもたちへの支援の現状と課題」についての報告が行われた。同シンポジウムでは、日韓相互の現状の相違や韓国の先進的な施策や実践による知見を学びあい議論することを通して、日本における実践的アプローチを深めていく必要性を共有する場となった。とりわけ、韓国からのゲストによる報告の中であった、学校現場への母語講師（現在は多文化言語講師）の派遣によるホスト社会への多文化・多言語教育への取り組みの例は、日本では一部の学校でしか行われていない民族学級（国際クラブ）の実践の現状から考えると、非常に参考になる内容であったように思われる。

それに次いで、二〇一八年にも国際シンポジウム「子どもの貧困を食い止める！：日台韓の実践現場より」を開催した。同シンポジウムでは、台湾と韓国から実践現場を中心とした報告が行われた。主として貧困地域や社会的不利を抱えている子どもの現状や、それらの支援課題の確認に焦点を当てた内容が報告され、貧困や社会的不利が、国や文化の違いとは無関係に、子どもの成長や発達において困難を与え、それを乗り越えるための実践が如何に難しいかを実感する機会となった。また、それぞれの支援現場における民間実践の重要性が改めて確認され、それらによる知見を共有する機会となった。

このような一連の企画の延長として、都市研究プラザ（現在、都市科学・防災研究センター）先端的都市研究拠点の公募型共同研究に採択されたことを契機に、外国にルーツを持つ子どもたちにかかわる現状や支援課題の把握と、そこから得た知見をもとに、地元での問題解決に向けた連続セミナーを開催することになった。まず二〇一八年度に実施した本格的な調査に向けたプレ調査という形で、住吉区内の小・中学校各一ヶ所を対象とした調査を実施し、それらの成果をブックレットとして取りまとめた（ＡＫＹインクルーシブコミュニティ研究所編、二〇一九）。

二〇一九年度も前年度に次いで、大阪市立大学（現在、大阪公立大学）に隣接している小中学校の教員との連携を図りつつ、学校現場で参考になるような内容を中心に、外国にルーツを持つ子どもの日本での生活や学校適応にかかわる内容でセミナーを実施した。そして、二〇一八年に実施したプレ調査に次いで、住吉区内一四の小中学校を対象に、「外国にルーツのある親子の実態とニーズに関する調査」を実施した。本調査による詳細な結果にかんしては、二〇二〇年刊行のブックレットを参考にされたい（ＡＫＹインクルーシブコミュニティ研究所編、二〇二〇）。

また、調査対象の小・中学校のうち、各一校からの協力を得て、外国人教育主担（外担）、同担[19]、外国ルーツの生徒を担任として持つ教員等に集まってもらい、「フォーカス・グループ・インタビュー（ＦＧＩ）」調査を実施した。その場では、各学校における外国にルーツを持つ生徒の現況について紹介してもらい、その後現場の教師の視点から生徒の抱えている困難事例について、学校現場での対応の難しさや今後の課題等について意見交換を行った。

そして、学校現場以外で外国ルーツの子どもへの支援活動を行っている、「ＭＩＮＡＭＩ子ども教室」、そして西成区あいりん地域で活動している「子どもの里」に対するインタビュー調査も実施し、同年刊行したブックレットにて報告を掲載した。

以上のように、これまでの共同研究では、専門分野の相違な関連研究者の共同によって実施され、学校現場のみならず民間の実践現場にまで足を踏み入れた調査を実施することができた。

二〇二〇年度の調査では、「新型コロナウイルス（COVID-19）」によるパンデミックによって、外部での調査や訪問調査が不可能になったこともあり、Ｚｏｏｍによるフォーカス・グループ・インタビュー調査に切り替えて調査を実施した。その他に、関連するセミナーを二回開催したが、状況は変わらず、新型コロナウイルス感染症による緊急事態宣言中ということもあり、オンラインで開催した。第一回目は二〇二〇年一〇月二日に、これまで開催してきた子どもの貧困対策セミナーの第九回目となる企画として、「外国にルーツをもつ子どもの支援を考える～当事者の体験から考える支援のあり方Ｐａｒｔ２〜」を実施した。同セミナーでは、フィリピンから渡日されたネルダ・ルチャベスさんと、その家族の日本での生活を支援者としてサポートしてきたビスカルド篤子さん（カトリック大阪大司教区社会活動センター・シナピス）の二人の対話形式で進められ、ネルダさんの渡日前後の苦労、日本での生活や育児の中で直面してきた困難や、どのようにそれを克服してきたかという、当事者体験を語ってもらうとともに、同じような境遇にある子どもやその家族をどのように地域や学校で支えていけるのかについて考える時間となった。また、第二回目は、連続セミナーの一〇回目となる企画として開催し、「外国につながる子どもの支援を考える〜外国につながる子どもの高校進学と修学の課題〜」という内容で開催した。報告者は、大阪で支援活動を行っている、「ＮＰＯ法人おおさかこども多文化センター」の事務局長を務める橋本義範さんで、橋本さんからは、外国に繋がる子どもの高校進学と修学における課題とその支援について、大阪府の「特別枠校」の取り組みを中心に報告してもらった。

19　同和教育推進教員。同和教育に全教員が積極的に取り組むため、その推進役を果たす教員。校区に同和地区を含む学校の教職員の中で、教職経験が豊かで実践力に富む者が、各学校一人ないし複数、任じられている。多くは同和加配教員として、標準学級定数外に配置されている。同和教育推進教員と同様の任務を持つ教員を、同和教育主任（高知など）、同和教育主担者（大阪・広島など）、同和教育主事（鳥取・徳島など）と呼称している府県もある（『部落問題・人権事典』新訂版、解放出版社、二〇〇一：七二六）。

(5) 外国にルーツを持つ子どもの生活と進学支援の課題

二〇二〇年に、公益財団法人かながわ国際交流財団が県内中学校に設置している中学校の「国際教室」[20]に在籍する生徒の進路について実施した調査(「神奈川県における国際教室在籍生徒の進路にかかわるアンケート調査」)の結果によると、国際教室に在籍した二〇一九年度卒業生徒数は三八一人で、そのうち一六・八%が公立高校定時制に進学した(県内公立中学校生徒全体の八倍以上)。また、来日して期間が浅く日本語や教科学習に困難を抱える生徒がいることや、保護者においても情報提供が難しく進路決定までのシステムを理解してもらえないので、書類等がなかなか提出されない等の問題点が報告された。また、高校入学後にも、「合格後に必要な書類が多く、手続きが難しい」、「生徒・保護者への通訳などの支援が必要」等の問題点の指摘もあった。以上の点を踏まえると、外国ルーツの中学生の進学には高い壁が横たわっていることが推察できる。それのみならず、朝日新聞によると、「日本語指導が必要な高校生の中退率は九・六%で、高校生全体の一・三%と比べて高い」ことを指摘しており、入学後の継続支援の難しさが垣間見られる。[21]

若干視点がずれるかもしれないが、川瀬(二〇二〇)によると、台湾では、「輔導教師」という専門人材が、不登校や非行少年等への対応において、学校内外の専門職とも協力しながら包括的な支援を行っていることを紹介している。「輔導教師」とは、小学校または中学校の教師資格試験に合格しており、かつ輔導活動科/総合学習領域の輔導活動の専門証明書を取得した者で、この証明書は、大学の輔導・カウンセリング学科、教育心理・輔導学科、心理学科を卒業した者、あるいは輔導にかんする領域を二〇～四〇単位修了した者が取得することができる。基本的には、小中学校の不登校や非行少年対応の専門の教師を指すが、その活動に際しては、学内の専門職（スクールカウンセラー、スクールソーシャルワーカー）だけではなく、地域の里長をはじめ、警察部局等学外の機関とも協力しながら、生徒の学校復帰の支援や必要な場合は家庭訪問等による世帯への介入を行うなど専門的な援助活動を行っていることが特徴的な点である。もちろんこれには外国にルーツを持つ生徒だけが対象になっているのではないものの、こうした制度や専門職の配置によって、当該生徒の自己成長及び自己実現に対する専門的援助を行っている点は参考に値する。

次に、韓国の事例を検討してみよう。ここでは、ソウル市のシンクタンクであるソウル研究院が二〇一五年にソウル市内の四九校に在学中の多文化を背景に持つ生徒（以下、「多文化学生」とする）と担当教師を対象に行った調査結果（Hyesook Lee, 2016）をもとに、韓国のソウル市における外国

20　日本語指導が必要な児童・生徒に、特別の教育課程に基づき、日本語指導や個に応じた教科指導等を行う指導形態で、一般的には、週に数時間程度、当該児童・生徒が別室で学習することが多い。主に国際教室担当教員が指導にあたるが、中学校では教科担任が分担して指導を行うこともある（公益財団法人かながわ国際交流財団、二〇二〇）。

21　問題の根底に日本語力への課題の大きさを指摘している。「休校で忘れる日本語　外国ルーツの子、学びの遅れ懸念」（朝日新聞、二〇二〇年五月二五日付）。

22（次ページ）「初・中等教育法施行令（一九九八年二月二四日制定）」によると、「多文化家族支援法による多文化家族の構成員である児童や学生（第一九条）を多文化学生」と定義している。「青少年福祉支援法」第一八条では、「移住背景青少年」を「多文化家族の青少年であるか、国内に移住し社会適応及び学業遂行に困難を抱える青少年」と定義している。二〇一五年には一万一六四二名（ソウル学生対比一・一四％：Hyesook Lee, 2016）であったソウル市内の多文化学生数は、二〇一九年四月一日現在には一万七九二九名と増加している（ソウル市教育庁、http://go.microsoft.com/fwlink/p/?LinkId=255141：二〇二一年二月三日閲覧）。

にルーツを持つ中高生の実態と対応を検討し示唆点を得ることにしたい。

韓国では、「外国にルーツを持つ子ども」を指す用語として「多文化青少年」と称することが多い。これに類似した用語としても「多文化学生」[22]「移住背景青少年」「編入青少年」等があり、法律や関連機関の支援目的によって区分して使っている。

まず、同調査によると、二〇一四年度にソウル市の多文化学生の学業中断率は、中学校（三七名）が二・〇一％で最も高く、一般中学生（一・〇四％）よりも二倍ほど高い。

具体的な学校生活での困難を見てみると、まず生徒にとって基本となる授業への理解だが、三六・二％の生徒が授業内容を「半分ほど・およそ」理解できると答えていることからわかるように、「授業内容」（四四・一％）を学校生活の中で最も難しい点として挙げている。それと関連して、韓国生まれの学生（一〇・〇％）より中途入国の生徒（一七・〇％）が一・七倍以上、学業中断を考えたことがあると答えている。また、その背景の一つとして挙げられるのは、「韓国語習得の困難」であり、韓国語能力と教育課程が異なることを学業不振の原因として指摘している。

一方、ソウル市は二〇一四年に「ソウル特別市外国住民及び多文化家族支援条例」を制定して多文化家族支援の法的根拠をつくり、役所内の女性家族政策室の外国人担当官を中心に多文化家族支援事業を推進している。このうち多文化学生のための事業は、「中途入国子女支援」と「ソウル市外国人子女訪問教育支援」事業がある。この他には、「多文化家族支援法」と「多文化・外国人住民及び多文化家族支援条例」に基づき活動している「多文化家族支援センター」（市内二四ヶ所に設置）による支援活動がある。ここで運営している多文化学生のためのプログラムは、韓国語教育と満一八歳以下中途入国子女に提供する訪問教育サービス、満一二歳以下を対象とする韓国語発達評価及び教育がある。この他にもソウル市教育庁が実施する事業で、「多文化予備重点学校」、「多文化言語講師加配」がある。

以上、これまでの共同研究の経過の紹介に加え、二〇二〇年度研究課題として計画していた「外国にルーツを持つ子どもの進学支援」という課題と関連して、近隣国の状況を検討してみた。その結果、少子化が進む一方、外国にルーツを持つ子どもの増加が共通して見られる中、台湾の場合は、輔導教師を中心とした学内外との協力による支援人材の存在があること、そして今回は十分な検討ができなかったものの、新移民の増加とその生活適応を支えるための体制（新移民会館）が整備されていること、そして韓国の場合も日本以上に少子化が進む中、多文化学生、とりわけ中途入国生徒の増加への対応が喫緊の課題として挙がっていることを確認することができた。二〇二〇年度実施したウェビナーの中からも、日本における多文化ルーツの家庭や生徒が増加する中、地域での支援体制のみならず、学校生活をいかに支え進学と社会進出を支援していくかが焦眉の関心事となっていることを読み取ることができた。それに際しては、冒頭で取り上げたように、「エスニック文化権」という視点に立ち、自分たちの文化の独自性を学び継承することを、外国にルーツを持つ子どもたちが持つ特徴の一つとして援助していくことも課題の一つであると考える。

今回は新型コロナウイルス感染症による本格的調査実施が十分に進められることができなかった点

もあり、実態の把握や本格的な支援体制の整備に向けた提案を導き出すことはできなかったため、これは次回の課題として引き続き検討していきたい。なお、前記の近隣国の事例からの知見も踏まえ、次回以降は、東アジアの各国の状況を踏まえた比較検討も視野に入れながら研究実施を試みていくことにしたい。

参考文献

ＡＫＹインクルーシブコミュニティ研究所編（二〇一九）『地域で考える子どもの貧困――東アジア諸国の外国にルーツを持つ子どもの支援と包摂型移民政策』大阪市立大学都市研究プラザ

ＡＫＹインクルーシブコミュニティ研究所編（二〇二〇）『外国にルーツを持つ子どもの支援に向けたアクションリサーチ――小中学校の教育現場からみえてくるもの』大阪市立大学都市研究プラザ

川瀬瑠美（二〇二〇）「台湾の輔導教師はいかにして学校復帰を援助していくのか――台湾政府によるモデルケースの分析から」四国教育学会『教育学研究ジャーナル』（第二五号）、一三－二二頁

川本綾（二〇一八）『移民と「エスニック文化権」の社会学――在日コリアン集住地と韓国チャイナタウンの比較分析』明石書店

公益財団法人かながわ国際交流財団（二〇二〇）「『神奈川県における国際教室在籍生徒の進路にかかわるアンケート調査』結果報告書」

Hyesook Lee（2016）『ソウル市多文化青少年教育支援方案』ソウル研究院（本文、韓国語）

4. 被災外国人へのアクションリサーチ

(1) 東北三県の在住外国人はどのような人びとであったのか

大都市圏にある外国人の集住地域と異なり、東日本大震災の被災地となった東北三県は、いわゆる外国人の散在地域といわれている。その中でも特に結婚を契機に来日し、定住した女性が多く、農漁村の厳しい結婚事情を反映している。農漁村での花嫁不足に対応し、一九八〇年代半ばの一時期に行政が結婚の仲介を進めたこともあった。しかし各方面から様々な批判を受けて中止となり、その後農漁村の結婚事情の根本的な解決策が見えないまま、民間の仲介業者や知り合い等による非公式な仲介によって結ばれた国際結婚が広がっているのが現状である。その中には反社会的団体が暗躍する組織的な結婚仲介もあり、それによる被害も指摘されている（「偽装結婚仲介容疑ブローカーら逮捕」朝日新聞（東北全県二〇〇九年九月一一日付）、「農村部男性に外国人女性紹介し高額手数料・結婚仲介トラブル相次ぐ」朝日新聞（東北全県二〇一〇年一〇月一六日付））。外国人の住民が散在していることと、また、出身国での個人的な事情やブローカーなどによる非正規の移民ルートが存在していること等による「特殊な」事情が絡み合い、生活実態はもとより、外国人住民の東日本大震災による被災状況も見えにくくなっているのが実情である。

法務省が二〇一一年八月一九日に公表した「登録外国人統計」によると、二〇一〇年の全国の外国人登録者数は二一三万四一五一人で、全人口に占める割合は約一・七%となっている。一九九一年末と比べると約九〇万人が増加しており、その中でも九〇年代末からの増加が目立っている。国別に見ると中国が圧倒的に多く、その次が韓国・朝鮮で、その二つを合わせると全体の六割弱となっている。その後にブラジルとフィリピンが続く。一九九〇年の入管法改正により、国内での就労に制限のない「定住者」資格が付与された日系ブラジル・ペルー人の場合、二〇〇八年のリーマンショック以降多少減少してはいるものの、二〇一〇年末現在でも三〇万人弱が居住している。その他、一九九一年には六万人強であったフィリピン人は、二〇一〇年末には約二一万人となり三倍以上に増えている。

このように増え続けてきた在日外国人だが、日本での生活はそれぞれ異なる特徴を見せている。まず、ブラジル人やペルー人のような日系南米人の場合、多くは「定住者」の資格を持ち、製造業等に従事していた。今回の震災でも沿岸部にある水産加工業に従事していた人が多くいた。一方、一九九〇年代末より韓国・朝鮮や中国籍の人びとが急増している。韓国・朝鮮の場合、旧来定住者である「在日」の人びとが加齢や帰化等によって年々減っていく傾向にあることを考えると、ほとんどの場合が新来外国人であることが推測できよう。一九九〇年代末は通貨危機に端を発する経済危機がアジア各国を襲った時期であり、送出国の経済事情の悪化と、受け入れ側の日本のニーズがマッチしたことによるものではないかと考えられる。その背景の一つとしては、農漁村の花嫁不足の問題が挙げられる。国際結婚の数は一九九〇年代に入ると八〇年代半ば（一万二一八一組）に比べ倍増して二万五六二六組に達し、二〇〇九年には三万四三九三組となっている。その中でも「夫日本・妻外国」の場合が二万六七四七組と八割弱を占めている。妻の国籍は、中国（一万二七三三組、四七・六％）、フィリピン（五七五五組、二一・五％）、韓国・朝鮮（四一一三組、一五・三％）の順で、上位三ヶ国が全体の八割を占めている（厚生労働省（二〇一〇）「夫妻の国籍別にみた婚姻件数の年次推移」）。

二〇一一年の大震災に際して調査を行った宮城県石巻市、名取市、女川町等でも結婚移住者が多くいた。その一部は家が流されたり配偶者を亡くしたりしていた。本人が犠牲となった場合もあるのだが、その犠牲者総数はまだわかっていない（「外国人犠牲者の把握難航＝大震災で二三人死亡‥さらに増える可能性も」jiji.com: 2011/04/25）。本節では、当時の震災で被災した外国人やその支援に回った地元団体へのインタビューに基づいて、震災前の生活や震災当時の状況・避難生活、支援活動の内容や課題等について紹介しよう。日本では、二〇〇一年に、主に一九九〇年以降新たに来日した外国人が集住する都市が集まり、外国人住民を取り巻く課題と解決策をともに考え、国や県に提言する「外国人集住都市会議」が発足した。二〇一一年四月現在、この会議に参加している都市が全国に二八ヶ所あるものの、そのような集住の形を特徴とする都市型とは異なり、外国人が散在して居住している地方の場合、防災という観点から外国人の生活支援をどう考えていくべきだろうか。短期滞在ではなく日本に定住している結婚移住者の人びとは、現在人口の減少や配偶者不足にあえいでいる農漁村の家庭や産業を支え、地域の高齢者の介護までを担っている。地域を支える一人としての外国人住民を、どのようにムラの中で受け入れていくのか、本節がその課題を考える際の一助となることを切に願っている。

それでは、次に、実際に今回の震災で被災された外国籍の住民を訪ね、震災当時の状況や避難生活についてうかがった話を紹介しよう。[23]

(2) 震災当時、津波からどう逃げたのか：Rさん(韓国籍、I市在住・四九歳、女)

自宅で震災に遭い、義姉とともに車で近くの幼稚園に避難した。自分より二台前の車が津波に飲み込まれるという光景を目の当たりにし、二ヶ月程眠れない日々が続いた。ヘドロと塩分を含んだ水は四日間引くことがなく、辛うじて自宅は残ったが、二階は危険が大きいため八ヶ月経った現在もあまり使用していない。避難した幼稚園は高台にあり、責任者の判断で子どもを幼稚園内で保護したため園児全員が助かったが、自宅に帰るよう指示した別の幼稚園では、園児が逃げる途中で被害に遭ったと聞いている。公務員の夫の安否が確認できたのは震災後五日目で、その間は一切の情報が入らなかった。最初に手にした支援物資は郵便局経由で届いた韓国からのもので、震災後一〇日目に携帯電話で連絡を取って韓国海苔等を郵送してもらった。スーパーマーケットでは購入制限が続いていたので、ご飯と海苔、キムチだけの食事がしばらく続いた。指定避難所ではない幼稚園から自宅に戻ったため、行政からの支援物資は一度も受け取っていない。義援金を最初に受け取ったのは七月二二日で、現金としては地震保険金の支払いが最も早かった。しかし、震災後しばらく市内はスーパーやコンビニが強盗被害に遭うなど治安が悪い状態が続き、銀行のＡＴＭも遠方にあったため、お金を引き出すことができなかった。住居復旧のための行政の援助は無く、自宅の片づけをボランティアに頼んでも順番がなかなか回って来なかったし、実際には活動していないボランティアが多いというのがI市の実情だった。知人の紹介による婚姻で二〇〇一年に日本に来た。韓国では焼き肉チェーン店を何ヶ所か経営していて、店が日本のメディアに紹介されたこともあり、何度か日本に来た経験もある。しかし、店の借金がかさみ、自分にとっての逃げ場所が日本だった。

牡鹿半島では、韓国人女性だけ移送や配食から排除したという話も聞いている。震災前でも、韓国人のお嫁さんの姿がしばらく見えないと「逃げたのではないか」と噂されることがあり、周りからのよそよそしい視線を感じることが多くあった。日本語は独学で、日本に来る前から漢字を勉強していたので読むことはできたが、会話ができるようになるまでは時間がかかった。通常の生活でも、災害時でも、最も重要なのは言葉の問題だと思う。「タカダイに逃げてください」というアナウンスが流れたが、「高台」の意味がわからなかった。現在は病院から依頼されて医療通訳をしている。自分も交通事故の時に「外国人だから」ということで不当な処分を受けそうになったことがある。このような突発的な事態については、その場で自ら対処する力が必要だと思う。公的なボランティア登録もあるが、利用システムに時間がかかるのが問題だと感じている。中国・タイ・ベトナムからも新来外国人が来ているが、中国人の多くは震災後帰国したと聞いている。I市では、外国人労働者や婚姻に際して違法ブローカーが関与しているケースが多いようである。このような震災で経済難になると、ブローカーが関与する国際結婚がさらに増えると思われる。国際結婚では双方が騙されているケースが

23　年齢等はすべて調査当時のものである。

多いので、「こんなはずではなかった」と早期に離婚するケースやＤＶに発展するケースもあるようである。また、自分の知り合いをブローカーに紹介するケースもある。国際結婚が一組成立すると一〇〇万円以上の現金が動くので、斡旋によるさらなる被害を生まないためにも、韓国人同士は接触しない方がよいと考えている。騙されたとわかっても、入籍して一日でも一緒に暮らしたら法的にブローカーを裁く手立てがなく、自己責任となってしまう。国際結婚する日本人男性の職業は、農業・漁業・日雇い労働者が多く、自分のように公務員が相手というケースはほとんどない。「韓国人女性はお金もあまり使わず、自分や親の面倒を見てくれる」と聞かされて、それを信用して結婚する男性が多いので、男性もまた被害者だと思う。自分の夫も婚姻後三年くらいは、「いつ離婚を言い出すか」と心配していたようである。

(3) 震災当時、津波からどう逃げたのか：Ｏさん（韓国籍、Ｎ市在住・四五歳、女）

結婚で日本に来られた方の中には、周りからのよそよそしい視線を感じたり、家族の理解が得られなかったり、ひどい場合にはＤＶ等の被害に遭う人もいる。他の人の話を聞いてみよう。

仕事中、外にいる時に被災した。自宅にいた高校三年生の息子とすぐに携帯電話が繋がったので、息子と犬を連れて避難し、高校の体育館で三日間過ごした。すぐに避難した人は助かったと思うが、津波を甘く見て逃げなかった人は飲み込まれてしまったと思う。家の周りはすべて流されてしまい、そのことを考えると今も眠れない。夫は別の地域で仕事中だったので後に避難所で合流した。なぜか毛布を支給してもらえず、三日間は新聞紙を敷いて寝床にした。犬がいることと、当時風邪を引いていて咳がひどく、他の人に迷惑をかけると思ったので、避難所を出て一ヶ月程は息子とともに知人宅で世話になり、夫だけが避難所に残った。ローン返済中の家は住めなくなり、アパート等を探したが犬とともに入居できる物件がなく、ここに来ることになった。この家は、持ち主であった主人が亡くなった後、親戚の反対から韓国人のお嫁さんが相続できず宙に浮いた状態にあったのを無償で借りている。損壊した自宅の義援金としていくらかを受け取ったが、修理費用としては到底足りなく、ローンを抱えていることから、今はどうすることもできないままの状態である。

二〇〇二年四月に知人の紹介で現在の夫（五四歳・ボイラー技士）と再婚して済州島から日本へ来た。紹介で結婚する人は多いが、日本に来た当初は変な目で見られたり、「すぐに逃げるのではないか」と周りから思われていたと思う。息子も小学校の時にいじめに遭い、「韓国に帰りたい」と考えていたということを後になってから知った。今では日本に慣れて大学受験を控えているが、震災のトラウマで眠れないことが多いようである。日本での仕事はパチンコ店の客用の食堂で、震災後も就業している。韓国では看護師をしていたが、日本では資格を取り直さないと就業できない。日本での初めての仕事はラブ・ホテルのベッドメイキングで、「なんで自分がこんな仕事をしなければならないのか」という思いと、忙しすぎて体を壊してしまったので今の仕事に転職した。韓国ではお年寄りが好きで看護の仕事をしていたが、日本に来て姑にいじめられたせいでお年寄りが嫌いになってしまったので、もう介護の仕事には就きたくない。亡くなった今も姑から受けたいじめは許せない。姑に亡くなる直前に「韓国へは帰らないで、ここを守って」と言われたので今もここにいるが、その言葉がなければ無理だったと思う。現在の住居の周りでも若い人はあいさつしてくれるが、年寄りからは無視されて仲間に入れてもらえない。ごく近所の人を除いて、まだまだこの辺は排他的な土地だと感じている。

(4) 震災当時、津波からどう逃げたのか：Sさん(韓国籍、O町在住・六七歳、女)

次は、日本生まれで日本育ちの在日コリアン女性の被災当時の状況とその後の生活について聞いてみよう。

コーチをしているスイミングプールで被災した。プールの水が天井に届くほどのすごい揺れがあり、一〇人ほどいた子どもたち全員を親に引き渡すまで四〇分くらい現場にいた。山道沿いに自宅へ戻ったので津波には直接遭わなかったのだが、O町全体が水に浸かっていたので地域の勤労センターに避難した。二日間は食べるものがなく、二日目の夜に笹かまぼこ一枚を食べたのが最初の食事で「命綱」と感じたほど美味しく感じた。山の上から見た町は何もかもなくなっていて、悲しいというより「見事」と思うほど全滅状態だった。震災に対する思いは人それぞれだと思うが、自分は目の前で被害を見たわけではなかったのでまだ救われていると思う。町内の自宅や家財道具一切がすべて流されてしまったので、手元に残ったのは被災時に身につけていた水着だけだった。多くのボランティアには感謝の念を抱いているが、一部には怪しげな勧誘を持ちかけてくる人もあり、大震災のような究極

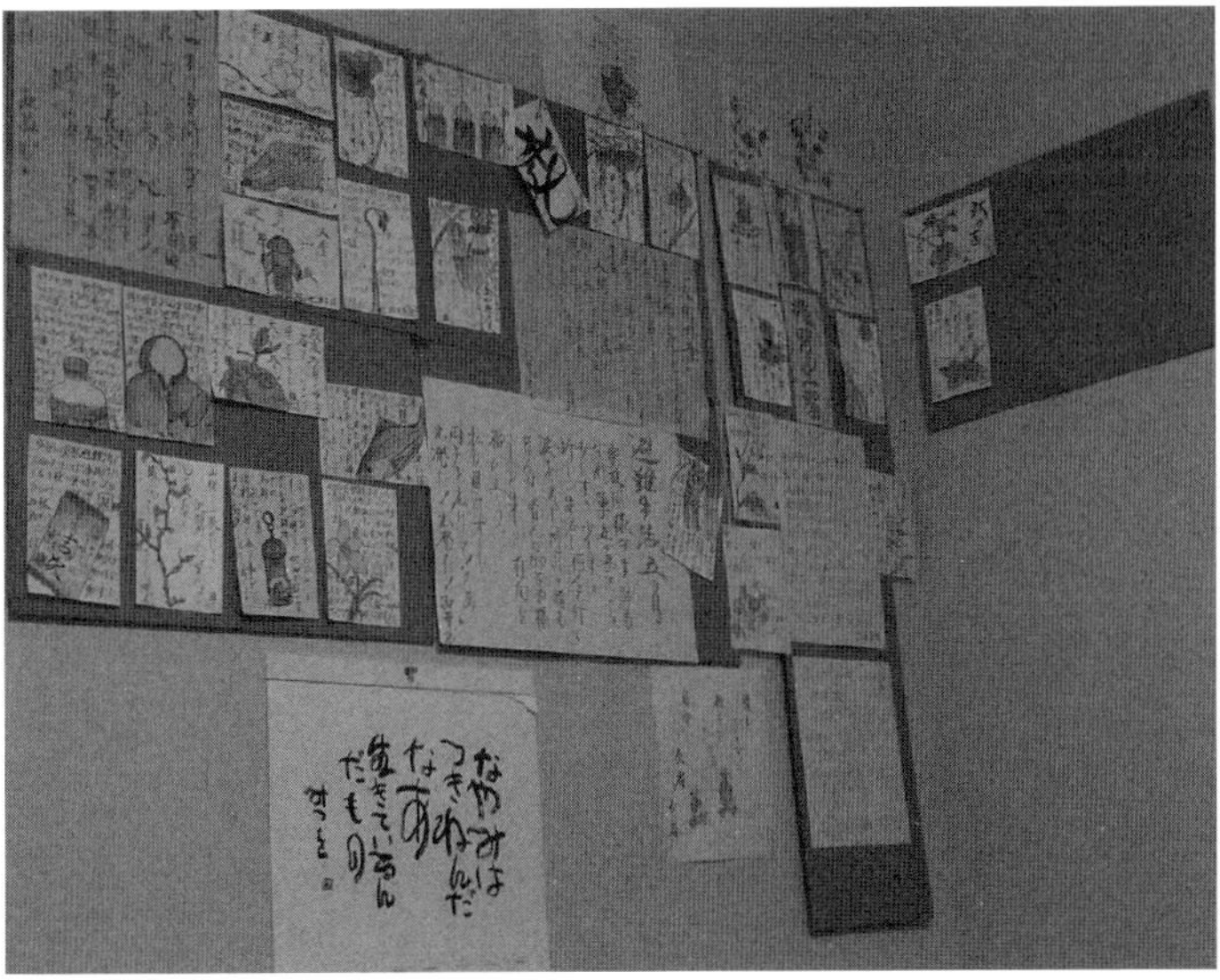

写真3-12　Sさんの仮設住宅居室に貼ってある絵葉書（「避難生活五か月」と書かれているものも見える）　出所：筆者撮影

の状態の時に人間の「素」が出るものだと感じた。O町はサンマの町で、昔は南米から働きに来る人が多かったのだが、最近ではほとんどが中国人研修生である。中国人研修生で亡くなった人はいなかった。震災後は中国政府の指示ですべて帰国したと聞いている。

震災直後最も大変だったのはトイレで、若い女性はトイレが使えないことが辛いようだった。若者に対して、緊急時の状況に自分を対応させることができるような、メンタル面での「避難訓練」が必要ではないかと感じた。自衛隊の支援が入った頃から生活が戻ってきたと思うので、自衛隊には感謝している。避難所生活は七ヶ月近くに及んだが、「自分でできることを何か始めたい」という思いから、避難所の中の調理場で自主的に炊き出しを始めた。その活動があって、現在、原発で働く労働者の賄いの仕事に就くことができた。自宅損壊の義援金として、県と赤十字からいくらかもらったが、店に対する補償は何もなかった。現在の電力会社の仮設住宅は事業期間だけなので、事業終了後は別の村に移設されるのではないかと思っている。仕事付きであれば自分も移転する意向はあるが、まだどうなるかわからない。自分は在日二世で、女ばかり八人姉妹の五番目である。「男でも女でも勉強することで今の自分の立場から脱皮できる」というのが親の持論で、両親とも勉強家であり、当時としては珍しく自分たち姉妹全員が高等学校卒業以上の教育を受けさせてもらった。

実家はS市にあり、若い頃は陸送の仕事をしていて、男ばかりの職場で働いていた。一九六七年に結婚でO町に来て、男一人、女一人をもうけたが二〇年前に離婚し、居酒屋を経営して生計を立てていた。息子の大学進学を考えて帰化申請をし、離婚の時も子どもの意見に従って夫の姓を名乗ることにした。自分は韓国人なので、いつも人より一歩引いた立場に自分を置くようにしている。ボランティアも積極的にこなして地域に受け入れられるよう努力してきたので、帰化申請の際は「東北一早い」認定だと言われた。帰化してすぐに国民年金を申請し、現在受給している。民団での活動はしていないので、見舞金を受け取るのは申し訳ない気持ちがした。民団は台帳をもとに見舞金を支給しているはずなので、自分から民団に連絡していない人には見舞金はないと思われる。外国人登録だけでなく、昔は子どもの入学も自己申告しないと入れなかったので、自分から動かないと「置いて行かれる」という思いがある。現在、子どもは東京に一人、仙台に二人いるが、子どもたちに連絡したのは震災後二週間ほど経ってからである。元気なうちは自分で生活したいと思っているし、居酒屋を再開したいという思いもあるが、自分の年齢では難しいとも思っている。

（5）O・Kさん：財団法人宮城県国際交流協会相談員（中国出身）

協会が主催する「こどもサポーター」（外国人の子ども（多くは連れ子）をサポートする）研修中に被災した。協会の相談員になる以前、八年前に仙台に居住し始めた頃から「災害ボランティア」に登録し、地域防災のボランティア活動を行っていた。発災時は仙台市災害多言語支援センターに在籍していたので、まだ電気も復旧していない震災翌日から、懐中電灯を使って電話で情報収集や安否確認を行った。

中国・北京大学を卒業して歯科医になった後、一九八九年に留学生として日本に来た。東京医科歯科大学大学院歯学研究科に入学して一〇年間は東京に住み、夫の転勤で仙台に住むようになった。日本では医師ではなく、子育てと両立させることを優先して、大学の非常勤講師として勤務している。

自宅は仙台市泉区で、一部損壊の被害に遭った。震災当日は子どもを学校まで迎えに行ったが、夫と子ども二人（一二歳・一四歳）は無事であった。仙台市内だけでなく沿岸部にも中国人は居住していて、その多くは配偶者、永住者、あるいは日本国籍取得者である。中国人研修生の多くは震災後帰国したようだが、結婚移住者は帰化している人も多いので、引き続き日本に住んでいる人が大半だと思う。日曜日に開催される「中文学校」（子ども対象の中国語講座）が、中国人同士のコミュニティの中心的役割になっている。それぞれの親の考え方の相違はあるが、子どもには日本語だけでなく中国人としての自らのルーツを知ってもらいたいという思いがあるので、中国語をきちんと習わせたいと考えている。文化や風習も日本と中国の両方を体験させていて、子どもたちには「ハーフではない、〝ダブル〟」と伝えている。

以前から「医療通訳リポーター」と「こどもサポーター」として登録・活動していたことがきっかけとなり、今年一〇月から協会の相談員になった。自分は相談業務の専門家ではないが、相談者の悩みをていねいに聴く相談員でありたいと考えている。自分も一人の友人がきっかけとなって中国人同士のコミュニティが広がったという経験があるので、まず自分が一歩を踏み出して、他者とかかわる機会を見出すことが大切だと思う。

相談員になってから二ヶ月ほどであるが、離婚等、家庭の悩みの相談を受けた。すべて自分で対応することはできないので、弁護士等の研修を受けて、必要最低限の知識を得る必要があると考えている。

（6）S・Mさん：財団法人宮城県国際交流協会相談員（フィリピン南部ミンダナオ出身、五八歳）

来日

育ったのはミンダナオの中でも一番危険な町アブサヤである。フィリピンでは高校まで卒業した。

フィリピンはだいたい高校まで進学するのが一般的である。

日本に来たのは三七年くらい前で、子どもは今三七歳になる。民俗舞踊の関係で、エンターテイナービザで来日した。来日してからはずっと仙台で暮らしている。

来日一年後に夫と結婚したが、これは友達の紹介である。また結婚当時、外国人の問題研究会、弁護士や不動産関係の人たちがつくった会にメンバーとして参加した。

結婚後、家を建てた。海が好きだったので海の近くへ建てた。住所は仙台市、仙台港の隣り、蒲生という町、「宮城野区」である。家を建てて三〇年くらいになる。

震災直後

主人も子どもも家にいず、フィリピンの友達と私は町で友達のワンルームアパートの六階でご飯を食べていた。ご飯を食べ終わってお茶を飲んでいたら、すごい揺れが来て洋服やかけているものが大きくゆれた。地震ということですぐ玄関に行った。友達も。階段でおりたが、なかなかおりることができなかった。

フィリピン人の友達も大丈夫だったが、みんなおびえていた。道路も汚れて割れるぐらいの感じでこわかった。みんなで「もう終わりだ」と思った。

ちょっと戻った時も全部家具がいろいろ倒れて歩くことができないくらいだった。だからもし中にいたらけがをしただろうと思う。

仙台新港が隣りで、一〇メーター位の波が来ていた。うちの家がどうなったかすごく気になった。夫の会社は海の近くにあったが、そこまで津波は来なかった。家族の被害はなかった。夫は「おおさと」という山の方で仕事をしていた。会社にいたら流されたかもしれない。頭の中は家の中をどうやって片付けていたら良いのかと考えていた。情報がつかめていなかったから、頭の中ではまだ家があると思っていた。

地震後に区役所でバナナとかパンとか配っているという話を聞いて、友達とそこに行った。人がいて、ものがまわらなかった。中はほこりだけで、ぐちゃぐちゃだった。アレルギーもちなので、そこにいられなかった。

地震が起きてからほとんど夫と子どもと会えず、三日後に会えた。いろんな友達の家を転々としてそこでご飯、ここでご飯を食べながら回った。三日間そういう感じだった。三日後、夫と息子が迎えに来た。その時、夫に『話がある」と言われて、家がなくなったとわかった。ちょっとショックだった。

家は二〇〇七年に建てた。三〇〇〇万かけてリフォームしたばかりだった。庭から屋根から、電気線それを最後に直した。老後の準備のためにしていたが、一瞬で夢が崩れた。ほんとに人生がからっぽになったような瞬間だった。自宅のリフォームはローンを借りたが、返済は済んでいる。ローンがなくてよかった。うちの近所の方々もローンのことで大変だと思う。自宅が流されて、補助金一〇〇万くらいをもらった。あと、二十何万……。今はみなし仮設で生活している。

ホットライン・相談員として

震災の後にホットラインをしながら宮城県の相談員として勤めている。

震災三日後、ホットラインに携帯番号を載せたら、毎日電話が来た。自分のことを考えるひまがなかった。フィリピンの方や外国の方などから情報や安否の確認が多かった。原発のことやこれからの原発による被害のことについても。

震災後、何かあったらリンクできるように「フィリピンコミュニティ宮城」をつくった。一〇〇人以上いる。仙台だけで。福島と大船渡、岩手盛岡、南三陸、石巻、気仙沼。普段は東京から支援してくれるグループやカウンセリングしてくれる団体があった。フィリピン人たちのリーダーたちと勉強会を行った。福島などからの参加もある。

相談員として来るようになったのは去年からだ。カトリック教会を介してのことだ。タガログ語が使える人材は不足している。教会の司教様から紹介された。

教会などで相談に乗っていた。配属後は、特に女性問題などの研修会に派遣されており、相談員研修会にも派遣されている。

普段の相談はDVや家族問題、生活関係のものなどいろいろある。相談がきたら、聞いてから専門家たちにリンクしていく。結婚する人たちは、紹介やお見合い結婚が結構いる。

被災後、すぐ相談員として従事した。忙しかった。被災された方で、家を流された人でパスポート

みやぎの国際情報誌
倶楽部MIA
2011年4月 vol.54
宮城県国際交流協会
WORKING TOWARD A GLOBAL COMMUNITY-MIA

●巻頭インタビュー

「みやぎ外国籍県民大学」修了者が語る

（中国出身、登米市中田町在住、滞日12年目）
（フィリピン出身、南三陸町在住、滞日30年以上）
（アメリカ出身、仙台市青葉区在住、滞日38年目）
（韓国出身、山元町在住、滞日9年目）

「みやぎ外国籍県民大学」（財団法人自治体国際化協会助成事業）は、これまで支援される側だった県内在住の海外出身者にも積極的に多文化共生社会づくりの人材として参画してもらうことを目的とし、弁護士や精神科医など専門講師による「国際結婚・離婚に関する権利保障」、「改正入管法」、「ダブルの文化を持つ子どもの育児と教育」、「異文化社会におけるメンタルケア」、「冠婚葬祭マナーの基礎」の基礎講座や「通訳者常駐の医療機関」、「多言語による相談窓口」、「生活適応支援の日本語教室」といった先進地のフィールドワークを通じ、その知見をそれぞれの受講生が暮らす市町村で発揮してもらおうと当協会が実施したものです。当初は定員を15名としていましたが、向学心あふれる方が多く最終的には30名以上、しかも全員「女子大生」という大所帯となりました。

平成23年1月29日（土）エルソーラ仙台、大研修室で行われた同事業のアウトプットプログラムでは、上記半年間にわたる学びや今後の展望について受講生ご自身に語っていただきました。今回の倶楽部MIAでは、その内容を抜粋してお届けします。

参加理由や印象的だった講座

村上さん　私は介護の仕事に従事していますが、仕事のローテーションをうまく調整しながら毎月毎月この県民大学に参加するのが楽しみでした。会津若松市にある竹田綜合病院は通訳が常駐していてすばらしいと思いました。私は来日した年に流産の危険があり入院しましたが、その頃はまだ言葉も通じず心細い思いをしたことを思い出しました。
アメリアさん　私が結婚した当時、日本人にとって外人といえば金髪に青い目の欧米人で、私たちアジア系外国人は蔑視されていたように思います。ずいぶん苦労もしましたし、今と違って周りに助けてくれる人がいませんでした。ですが私は、社会が何をしてくれるのかではなく、社会のために自分は何ができるのかを考えました。最近では後輩たちの相談にのることもあるのですが、自分の知識だけでは対応できないこともあり、この大学に参加してみようと思いました。おかげさまで後輩たちに専門の相談機関などを紹介できるようになりました。
ダナさん　県民大学はすばらしかったです。県内の外国人支援について知ることができました。MIA日本語講座では、講師のみなさんがとてもよく準備されていることが印象的でした。私も英語を教えていますが、英語ができるから英語を教えられるわけではないということを痛感しています。来日時、日本語が全く分かりませんでした。日本は学校で英語の勉強をしているから大丈夫と言われてきたのですが、実際には英語の看板すらありませんでした。日本語の先生もいませんでした。この国で日本語を話すことはとても大切だと思います。
齋藤さん　毎日忙しく過ごしていますが、県民大学には休みをとって参加しました。日本に来て9年ですが、もっと勉強したいと思っていました。外国人の母親が日本で子どもを育てるときには日本語で話さなければいけないという間違った認識を以前はもっていましたが、「子どもの育児と教育」という講座で、母親が話せる言葉でたくさん語りかけることが子どもの豊かな感性を育てるために大切だということを学びました。

この30年間で日本は変わりましたか、また変わっていないことはありますか？

ダナさん　変わりました。来日当時は、「外国人だ」と子どもが逃げていくこともありました。今はそういうことはありません。見た目が違うことを怖いと思うのは自然なことです。だからそのことを認識して乗り越えていかなければならないと思います。グローバルコミュニティの共通点は、みんな泣いたり笑ったりする人間であるということです。教育によって意識を高め、偏見のない社会にしていきたいです。
アメリアさん　少し変わったと思います。以前に比べれば社会にいくらか受け入れられている気はします。多文化共生という言葉を最近よく聞きますが、その意味を理解している人は少ないと思います。多文化共生は芋煮と一緒です。様々な具材があることでいい味が出ます。それぞれの長所をうまく発揮することで多文化共生社会が実現できると思います。
村上さん　残念ながら外国人差別はやはりまだあると思います。ですが、12年前は多言語情報などほとんどなく子どもの予防接種の機会を逃してしまったこともありましたが、今は外国語の母子手帳もありますし、子育てのサポートに通訳をつける予算なども確保されています。これからは外国人の方からも地域や支援する側により積極的に入っていくことが必要だと思います。
齋藤さん　私は小さい町に住んでいます。田舎では、仲間になるか、いじめられるかのどちらかです。最初は外から来た人だと言われました。いじめたくてもいじめられないように積極的にJAの女性部やいろいろな地域活動に参加しました。それでも「あの人は韓国人だから日本人とは違う」と言われて悲しくなり、違っていることを恨めしく思ったこともありました。今は逆転の発想で、違うからこそできることもあると思っています。最近では外国人支援の活動に取り組む日本人も増えていますし、私たち外国人ももっと何かをしていかなければなりませんね。

写真 3-13　宮城県国際交流協会（現在宮城県国際化協会）・国際情報誌に掲載された「みやぎ外国籍県民大学」

が流された人の書類を直すのが大変だった。フィリピンに帰国したい人もいて、書類を揃えるのが大変だった。時間がかかった。

近所で二〇〇人位の方が亡くなった。すごく悲しい。物はすぐ手に入るが、思い出がたびたびよみがえる。若い時や子どもの赤ん坊の時の写真は大切だ。フィリピンでは死んだ人でも写真を撮る。私の両親の写真もみんな無くなってしまった。とても悲しい。

外国から来た人に対し、「どうせ逃げていくんだろう」という視線があったというが、今はあまりない。前は結構あった。昔に比べると変わった。今は国際結婚の方が安定しているようだ。昔は習慣が違うから悩む人が多かった。

二、三年に一回は帰国する。本当は毎年帰りたいが、日本での生活が忙しい。今はスカイプなど便利なツールがある。電話代もかからないし。連絡に便利だ。昔に比べてホームシックにはかからなくなった。日本に来たいという相談もあるが、日本の法律も厳しく、資格がないと簡単には来られない。新しく来ている人の日本語は、市民センターで無料の講座を受講したり、私たちが教えたりしている。

息子は別に暮らしている。結婚しているが、仙台で暮らしている。孫はまだだが、欲しい。息子の妻が妊娠したこともあったが、地震の関係かどうかわからないが、流れた。双子だったけど。

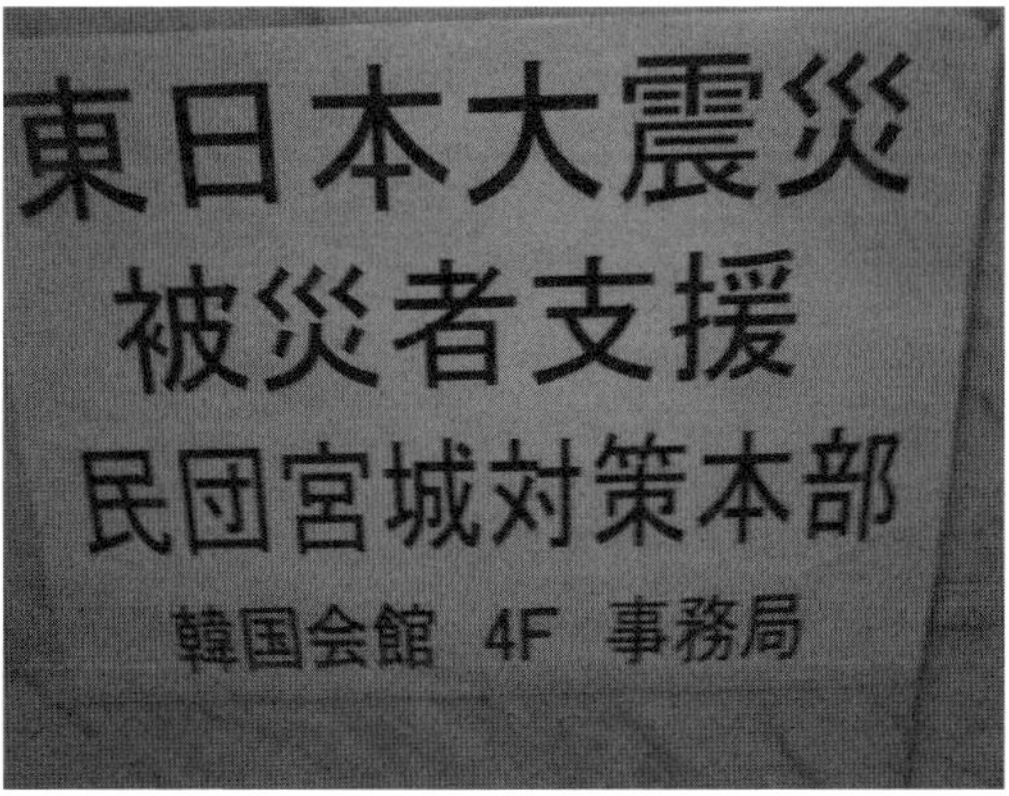

写真3-14　民団宮城県地方本部による被災支援対策本部（韓国籍だけではなく被災者一般への支援を掲げている）

（7）東北型多文化共生とは何か

二〇一一年当時、被災された東北三県で外国人支援や国際交流を進める団体には、各県及び市町村単位で活動を展開している国際交流協会がある。しかし、各協会が対象としている地域やそこに居住している外国人の特徴によって、活動内容や対象範囲は大きく異なる。例えば、都市型の例として財団法人仙台市国際交流協会（以下、ＳＩＲＡ）が行っている防災関連取り組みは、主として五つに分けられる。

①災害時ボランティアの育成：二〇一一年度は約七〇名のボランティア登録があり、その五割は日本語が堪能な外国人住民で構成されている。

②外国人住民への多言語防災情報の発信：ＦＭラジオによる外国語での防災情報の提供、多言語による防災マニュアルＤＶＤの作成、横浜市国際交流協会が制作した使用頻度が高い言葉の「多言語表示シート」の配布、多言語での地震対策パンフレットの配布等。

③地域防災訓練への参加：町内会の防災訓練に外国人住民の参加を募り、住民との交流や防災知識の向上をはかる。

④関係団体とのネットワークづくり：災害時の活動を円滑に行うための外国人支援団体や防災団体との情報交換（年一回）。

⑤仙台市災害多言語支援センターの運営：災害時、言語や習慣の違いから支援を受けられない恐れがある外国人住民や旅行者を支援するために多言語で情報を提供するもので、二〇一〇年度から運営されている。

一方、宮城・福島・岩手三県は、留学生や観光客等が集まる仙台市のような都市型とは異なる特徴を見せている。共通するのは、農漁村の通常的な花嫁不足に起因する外国人配偶者の増加による問題だ。同協会では、結婚移住者やその家族が抱えるトラブル（このような国際結婚の背景には、先述したような、それをビジネスチャンスとするブローカーの暗躍があり、日常的にトラブルが発生しがちだ）や、家族間の葛藤等による相談業務が急増しているのが現状である。そのため、東北三県の国際化協会では、二〇〇七年度から三県合同で「東北型多文化共生」の担い手育成に向けた合同会議を行ってきた。そこで最も特徴的なのは、「東北型多文化共生」の中心軸を、外からの国際化ではなく、「福祉」を切り口とする内からの国際化を中心とする多文化共生の推進に置いていることだ（当時宮城県国際交流協会大村昌枝企画事業課長へのインタビューによる）。

東北三県の場合、結婚移住者のほとんどが地域に散在した形で生活していることもあり、支援を求めて訪ねて来る人を待つのではなく、「置き薬」のように点在する各地域に足りなくなった薬を補充するような活動方式を取るようにしている。ここで最も功を奏したのが、当協会が初期設立当初から支援し、各地で展開している「日本語教室」だった。震災後、多くの行政機関が被害を受け機能を失っていた時、地域の外国人の安否確認や支援活動にいち早く乗り出したのもこの「日本語教室」だった。地元の現状と居住者のニーズを身近なところで見守りながら、いざという時にセーフティネットとしても機能することができたのは、日頃の地道な活動があったからこそだった。このような日常的な信頼関係構築のための「場」づくり支援の方法を、インタビューに応じた当時の宮城県国際交流協会の大村課長は「東北型多文化共生」と紹介してくれた。一方、震災後いち早く東北にやってきた一部の外国人支援団体の中には、地元の現状を無視したまま、支援というよりは自らの都合のみを優先し、避難所から外国人だけを選んで支援しようとしたため、逆に外国人と日本人間の溝を深めるようなこともあった（「外国人支援は自立を促すための支援であって、弱者をつくるものではない」

大村課長)。

また、当時の震災に際し、民族団体である民団宮城県地方本部の場合、震災後に同胞支援のために避難所に行ってみたところ、同胞に対する支援だけでは到底現状に追いつかないということに気づいて方向転換し、同胞も日本人も区分なく支援するという形で支援活動を行ってきたと述べている(民団宮城団長へのインタビューによる)。

また、当地域の民団は、他の地域とは異なり、韓国から結婚移住してきた新来外国人の増加に伴い、旧来定住者である在日韓国人のための組織としては成り立たなくなっている。そのため現在は新来定住者も含めた相談事業や支援を展開できるよう、活動の範囲と内容を広げているそうだ。

5. 東アジアにおける社会的不利地域居住者へのアクションリサーチ

ここからはアクションリサーチの範囲を国外に広げ、東アジア各地の社会的不利地域の居住者に対して行った調査からの知見を紹介することにしたい。これまで筆者は、「包摂都市（インクルーシブシティ）」というキーワードを中心に、研究だけに収束せずそれが実際の現場や都市自治体の施策等の交流や媒介にも資するような研究を志向してきた。その延長線上でこの一〇年以上にわたって行ってきたのが、「東アジア包摂都市ネットワーク・ワークショップ」である。同ワークショップの詳細は、同ネットワークの日本側組織である「包摂都市ネットワークジャパン（ICN-Japan）」のホームページを参照されたい（https://www.icn-japan.org/）。同ワークショップには、研究者に加え現場のワーカーや都市自治体の職員等にも参加してもらう形で実践的な交流を行って来た。実践的な交流というのは、当事者や現場の声を聴き、意見を拾い上げる中で研究として発信することはもちろん、それが実際の都市問題や社会的排除の改善にも機能していくためのプラットフォームとして機能していくための取り組みでもある。これまで一〇回以上のワークショップの開催による相互交流の中で得た知見やその現場への応用は実りの多いものとなっている。以降で取り上げる各地域の事例は、そのような交流の中で聞き取ることができた各現場の現実、そしてその改善に向けた実践的な取り組みでもある。

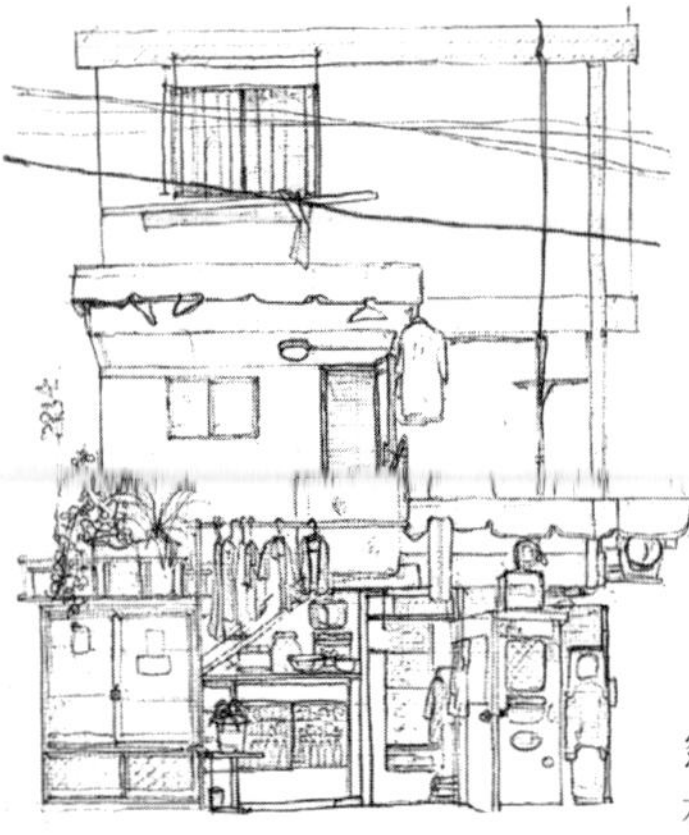

狭い部屋の中に家財道具が全部入らず物が建物の外部にあふれ出ている。
出所：アジア居住ネットワーク、東京・韓国都市研究所2000年共同調査チーム提供

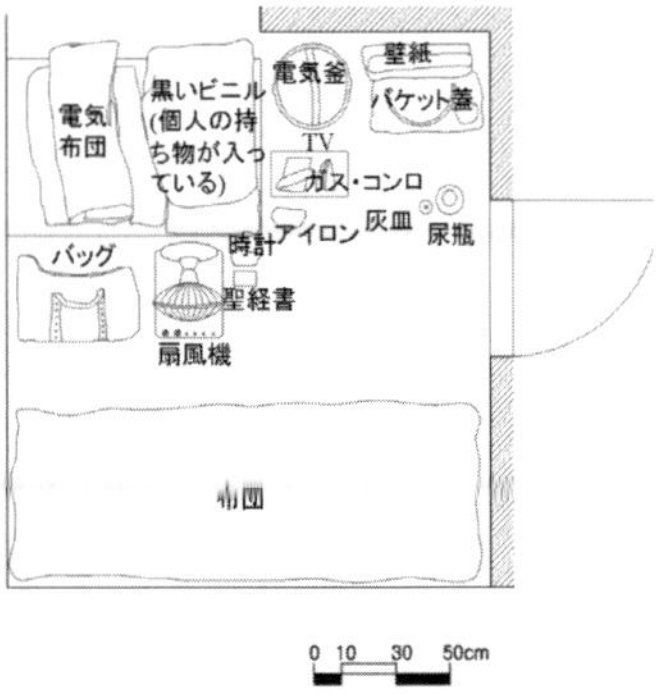

窓のない部屋の中に私物が散在する。布団・服はビニル袋に入れられ、小さな引き出しのタンスの上に重層的に積み上げられている。部屋の後ろが開放されたまま隣室に繋がっており、それを隠すため引き出し棚が置かれている。
出所：アジア居住ネットワーク、東京・韓国都市研究所2000年共同調査チーム提供

図3-5　チョッパンの立面と平面図

(1) 韓国のチョッパン地域へのアクションリサーチ

「チョッパン」とは、都心部に位置する日本の簡易宿泊所に近い機能を持った宿所である（図３－６参照）。

居住者のほとんどは日雇いの仕事に就く単身男性であり、仕事へのアクセスの良さ故に居住している場合がほとんどである。地域の形成過程にかんする資料はほとんどなく、新聞記事や居住者へのインタビュー調査等を通じて確認できた内容は次の通りである。

まずソウルの都心部に立地するチョッパン地域の居住者からよく

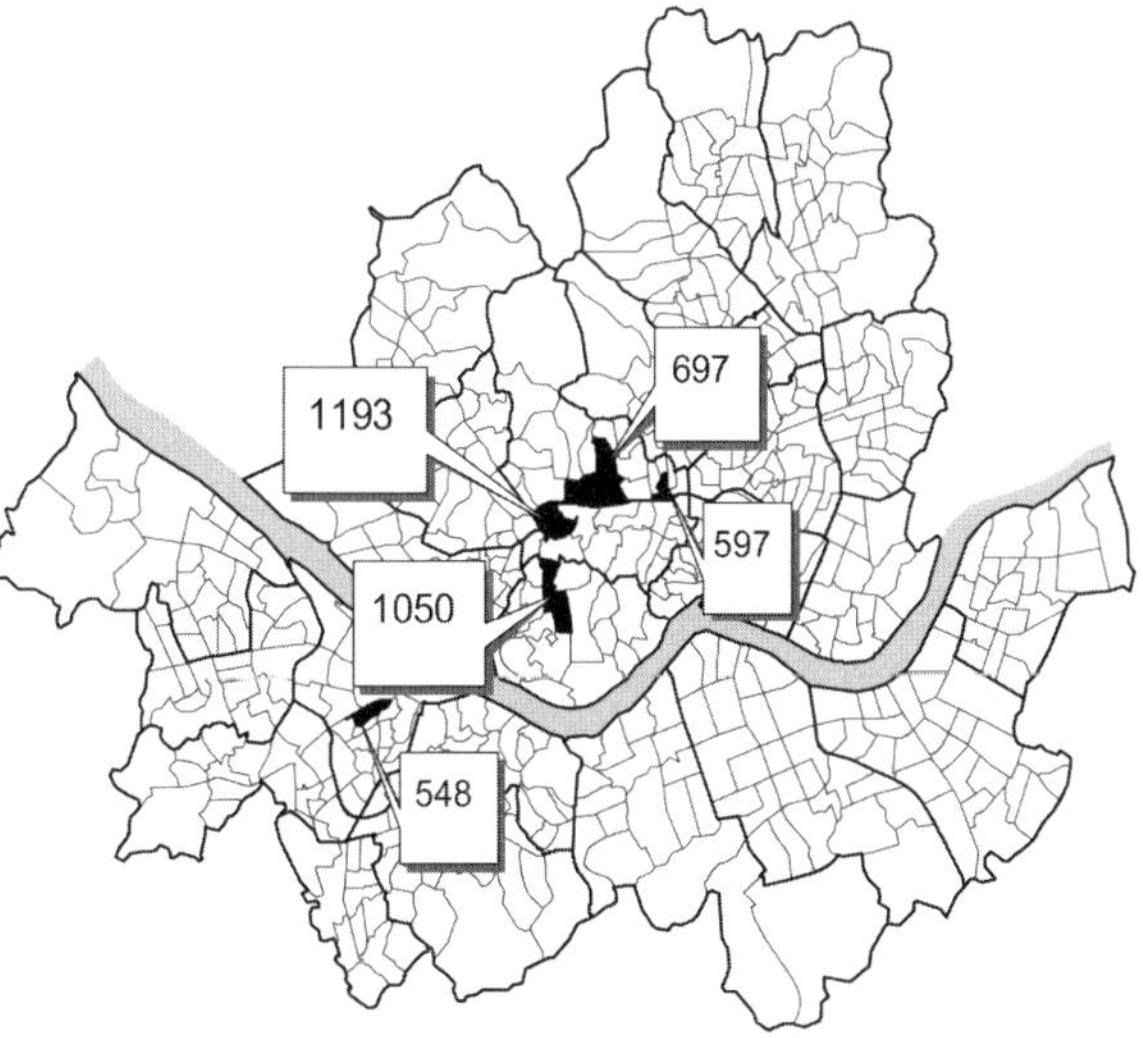

1193：南大門路5街洞、697：敦義洞、1050：東子洞・葛月洞、
597：昌信洞、548：永登浦1·2街洞・文來1街洞

図3-6　ソウル市内のチョッパン地域の分布図
注：数値はチョッパンの数（室）
出所：全（2011：79）より再引用

聞くのは、昔、「花街」として盛んであったという話である。その名残は今でも一部の地域（鍾路区《チョンノ》「敦義洞《ドニドン》」、永登浦区《ヨンドンポ》、龍山区《ヨンサン》「東《ドン》子洞《ジャドン》」）に残っている。花街の歴史は植民地期まで遡るが、当時「公娼」地帯であった地域が解放後、米軍政により閉鎖され、その後は闇の「私娼街」に形を変えた。しかしその後取り締まりが厳しくなるにつれ、次第に現在のような廉価の宿所として利用されるようになったといわれている。その他にも、植民地期に鉄道線路補修班の労働者たちのための「労働者合宿所」が背景となっているといわれている地域（永登浦）もある（図

3－6参照)。

先述のようにチョッパンは居住者のほとんどが日雇業に就いている単身男性で、しかも高齢者と生活保護受給者の割合が高く、それに伴う社会サービスへのニーズが非常に高いなどの特徴が指摘されている。なお、居住者同士の社会的関係の希薄さによる、関係性の貧困問題も指摘されている。

二〇〇六年に行った調査（全他、二〇〇八）では、ほとんどの調査対象者が単身世帯（九一・七％）で、二人世帯の場合、高い居住費負担のため仲間と同居していることが多かった。世帯主の八七・八％（一三七名）が男性で、女性世帯主は一二・二％（一九名）である。また世帯主の平均年齢は五三・二歳（男性五一・九歳／女性六二・六歳）であった。世帯主の職業は、半分強（五二・六％、八二名）が無職で、その次が建設日雇い二五・六％（四〇名）、公的就労九・〇％（一四名）の順であり、極めて不安定な就労状況にあることがわかった。なお、チョッパン入居直前の住居形態として、（敷金のない）月払いの民間賃貸住宅（一七・六％）に次いで野宿（一一・八％）が高い割合を占めており、チョッパン居住者と野宿との相関性が非常に高いことが推察できる。[24]

チョッパンの内部は狭小な空間となっており、室内に荷物を収めることができず、一部の私物が室外にあふれ出ている様子がうかがえる（図3－5参照）。尿瓶が置かれ、夜間等に排尿も室内で済ませる様子が推察されるなど、環境や衛生面においても劣悪な状態にあることが見て取れる。にもかかわらず、仕事への立地面のメリットや同質的な住民同士の交流への期待感等があいまって、住民の地域への愛着度は高い。

チョッパン地域の場合、駅周辺、寄せ場、市場や盛り場に位置している場合が多く、その関係で野宿の場所とも相関性が高いところに立地している。そのような地域は、用途地域としては商業地域の場合が多いため、基本的には住居地域に相応しい生活利便施設は整っていない。とりわけ、子どもを抱えている場合には、子どもたちが遊べるような施設なども不十分である。したがって、子どもが遠く離れたところまで遊びに行くか、家の中でテレビに夢中になりがちになる場合も生ずる。親が仕事で留守が多い場合はなおのことである。しかし、より深刻なのは、経済的な事情によって、学校さえ通えない場合である。二〇〇三年の現地調査で聞き取った内容を紹介する。

【チョッパン居住者】夫による家庭内暴力に苦しめられていたP氏は夫と離婚し、現在は一四歳の娘と一一歳の息子と一緒にせいぜい一坪しかならない未認可宿泊所に居住している。しかし長女の場合は、小学校五年で中退し、長男も小学校三年で退学している。現在P氏は、近くの食堂で働いているようだが、そのため子どもたちは毎日家の中で留守番をしており、テレビを見ながら過ごしている。時たま、長男は近くの親しいおばさんの家に行くか、歩いて三〇分ほどのところにある公園に遊びに

24　二〇二一年に第一生命財団による助成を得て筆者らのグループが市内二ヶ所の密集地域に対して行った調査（全他、二〇二二）では、ほとんどの調査対象者が単身世帯（A地域九六％、B地域一〇〇％）で、両地域とも半数以上の人が六〇代以上だった。経済活動状況は両地域とも就労者が二割台に止まっており、七割以上が非経済活動状態であるため、一ヶ月の世帯所得は五〇〜一〇〇万ウォンが最も多く（A地域七〇％、B地域八五％）、極めて不安定な経済状況にあることがわかった。なお、チョッパン入居直前の住居形態は、劣悪な居住状態である「考試院（受験用のレンタル学習ルームの宿所転用施設）等」が三割弱と高い割合を占めているのに加え、野宿経験者も両地域とも五割程度いるのを鑑みれば、やはりチョッパン居住者と野宿との相関性が現在でも非常に高いことが推察できる。

行くそうである。以前、P氏と一緒に過ごしていた母子保護施設では、パソコンを利用することができたが、今はそれもできないので非常に残念がっている。長女は本を読むのがとても好きで、どんなに分厚い本でも一日で全部読んでしまうそうである。今は何よりも本がほしいと言っている。P氏も学校には通わせたいのだが、現在居住しているところも狭いし、何より子どもを学校に通わせるほどの能力がないと言っている。小学校は義務教育になっているが、それでも負担で通わせないと言っているのである。

「この子らは、遊ぶのは、ここのおばさんの家に行くか、それくらいですね。この辺には遊べるところもない［し］。遊んでも歩いて三〇分くらいの公園くらいで……」P氏（四〇歳代（調査当時）、女）

参考文献

全泓奎（二〇一一）「韓国におけるワーキングホームレスの現状と居住福祉の課題」『総合社会福祉研究』七五-八四頁

全泓奎・松下茉那・採琳・楊慧敏・矢野淳士（二〇二二）『社会的不利地域の居住支援にかんする国際比較研究――東アジアにおける「寄せ場型地域」を中心に』第一生命財団研究報告書

(2) 台北の廉価宿所居住者へのアクションリサーチ

寄せ場型地域は、日本では、東京の山谷や横浜の寿町、大阪の釜ヶ崎等が代表的な例である。このような地域には日雇い仕事に従事していた単身の中高齢男性が主な居住者となっている。先述したように、韓国では「チョッパン」という名称で日本の簡易宿泊所のような住居形態とその集住地域に類似した形態がソウルや釜山、大田、大邱等の大都市の都心に分布している。その他には台湾の台北等の大都市でもこれに類似した宿所（雅房）が存在しており、その居住者の属性も日本や韓国に似通っている特徴を見せている。

以降はその一例として、当該宿所に居住している男性のライフ・ヒストリー調査を行った内容である。

1) 台北における廉価宿所居住者のライフ・ヒストリー①

- 調査対象者：A氏、男、一九三九年生まれ。台湾中南部・雲林県出身
- 調査日：二〇一一年八月一〇日（水）
- 調査場所：萬華区社会福利中心五F
- 調査対象者居住地：萬華区龍山寺裏手アパート（雅房）

①幼少年時代・家族背景

一九三九年に雲林県トウロクという町で生まれ育った。祖父母は農業に従事していたが、田んぼの隣にはごみ焼却場があり環境が悪かった記憶がある。その土地は、日本統治時代、政府による公共事業（鉄道駅舎建設工事）の駅舎の建設予定地にあった池を埋めるため買収された。

父親はA氏が生まれた当時から海外に働きに出ており、一九四五年の終戦後に自宅に戻ったが、A氏に関心を示してくれなかった。母親は八歳の時に死亡したため、A氏は祖母の世話を受けながら少年時代を過ごした。小学校入学頃に日本の植民地から解放され、国民党政府の支配下で小学校を卒業した。中学校には進学せず、卒業後すぐに台北に上京し、現在、龍山寺のすぐそばにあるセブンイレブンの場所にあった、大きな三階建ての工場で働くことになった。その建物は当時、四八万元程度の価値であったが、現在は一〇〇〇万元を超えるほど高い値がついている。工場は父親が海外にいた頃の友達が経営していたらしく、父親が彼をその工場主に「捨てるように」預けたのがきっかけで工場勤めが始まった。

一三歳から一八歳まで勤めたが、当時の月給は二〇〇元であった。

②非熟練労働と、仕事と結びついた不安定居住状態の持続

一八歳以降は工場を出て三輪車を購入し、ドライバーとして働いた。工場に勤めていた時は倉庫の中で自分の小さな空間をつくって生活していたが、工場を出た後は、購入した三輪車の中で寝泊まりする生活であった。一定の場所があるわけではなく、アーケードがある場所に三輪車を停め、そのま

ま三輪車の中で寝るという生活を半年間していたが、客引きのことで他の集団と揉め、殴られたことがきっかけで三輪車営業も辞めてしまった。辞めた後半年程度、台北市大同区にある台北小学校近くの市場で野菜などの運び屋の仕事をした。その後、金のアクセサリーの細工職人になるための技術を習おうとしたものの、それもうまくいかずすぐにあきらめた。その後は工事現場でしばらく働いてから、二〇歳の時に兵役のため嘉義県のタケザキというところで、二年間の兵役を果たした。除隊後はしばらくまた工事現場で働いたが、現場にいた人の紹介でトラックに乗って高雄に行き、建設現場の仕事を始めた。発電所や石油会社、コンクリート会社、大東百貨店、大手の建設会社の下請けの仕事。鉄骨を曲げたり、くっ付けたりの仕事をしていた。その後、左営というところで日雇いとして生活した。その時から一般の労働者と同じような仕事をするようになり、当時の日給は八〇〇元。まだ二〇歳代の時であった。

その後、三〇歳代になって高速道路の建設工事に携わるが、その際に偶然出会った女性と三八歳の時に結婚した。奥さんは精神的な病気を抱えた障がい者であり、その面倒を見ているうちに親しくなった。結婚後も妻と一緒に屏東県の東港という地域に移り、一緒に工事現場で働いた。妻は現場で調理の仕事をしていた。その後も仕事の関係でいろいろな地域を転々としながら生活した。ある時、妻の姉が台北で就職したいということで、A氏には何も言わず、妻をつれて台北に行ったが、妻が発作をおこし、台南に戻ってきた。その後、A氏は妻を連れて台北に戻り、三峡というところで軍事施設の建設に携わる。当時の月給は一万元くらいだった。その時は部屋を借りて住んでいたが、妻と大家が喧嘩をして部屋を出ることとなり、鉄道沿いの洞窟の中にしばらく住んでいた。三峡にいた頃に娘が生まれたが、牛乳を飲んでむせて死んでしまった。二人目の娘も三峡で生まれ、洞窟の中で育てた。次女が二～三歳の時に萬華に引っ越し、飲食店裏の小さな部屋を借りて住んでいた。四〇歳代の時であった。

その後、龍山寺の裏に土地を借り、自分で家を建てて薬草商売をしながら生活していた。家は、五～六年後に警察の取り締まりによって追い出され、近くの部屋を一五〇〇元で借りて生活した。その間、四五歳頃、妻が新店にある障がい者施設に入所し、娘も友人に養女として預け、その後は一人暮らしが続くことになった。一時アーケードで屋台の仕事もやってみたものの、警察の取り締まりで続かなかった。仕事がうまくいかなくなり、六四歳の時、住んでいた部屋の家賃滞納が続いたため、追い出され野宿することになった。しかし、龍山寺界隈に長年住んでいたこともあり、ホームレスの仲間よりは、既存の付き合いが維持できている。

③保護受給と脱野宿後の生活

野宿生活の時に台北市市民局のソーシャルワーカーによるアウトリーチに出会ったのがきっかけで、保護申請を行い、その後部屋を借りる生活に戻った。家賃は毎月四〇〇〇元で、保護費の六〇〇〇元から捻出している。その残りで生活するため厳しいが、大学卒業後に桃源県に嫁いでいった娘から弁当代になるくらいの仕送りをしてもらっている。現在の宿所での付き合いはほぼない。唯一あるとするなら、台北市社会局のソーシャルワーカーとの付き合い程度だという。以前は同じ宿所の三階に住んでいた年配の方と付き合いがあったものの、賭博による借金をたくさん抱え込み自殺してしまった。現在は洗濯と着替え程度を宿所でするだけで、ほとんどの生活は龍山寺界隈のベンチで過ごしている。「あの部屋は暑くて風通しが悪いので、彼はむしろ町のベンチのほうがよく寝られるようです」

今の生活で必要と思われるものとしては、家賃を払った後の残りの生活費が少ないこともあり、できるだけお金を節約するため台所があればと述べている。また、退屈なのでテレビなどもあればという希望を話している。四〇歳代以降、長年この地域に定住してきたこともあり、公的な住宅へのアクセスの機会があっても地域から離れることには抵抗があるようである。

2）台北における廉価宿所居住者のライフ・ヒストリー②

- 調査対象者：Bさん、男、一九六五年、台中生まれ
- 調査日：二〇一一年八月　一日（木）
- 調査場所：台北市萬華区西園路
- 調査対象者居住地：西園路アパート（雅房）

①幼少年時代・家族背景

五兄弟の三番目。母親がBさんを妊娠中に義父に嫁いだため、Bさんの名字は義父の名字を受け継いでいる。実父は亡くなった。そのため、兄弟は皆名字が異なる。

一四歳に中学校を卒業するとすぐに海に出て、一九七九年から一九八二年まで船の仕事で世界を駆

け回った。その間に出会ったフランス人と中国人の女性との間にそれぞれ子どもが生まれた。

②長い刑務所生活と不安定就労、そして野宿

台湾に戻ってから殺人を犯してしまい、一九八二年から二〇〇〇年までの八年間服役した。二〇〇〇年に出所するが、身分証を盗まれて詐欺罪を着せられ、再度八ヶ月間刑務所生活を送った。その後も二〇〇〇年から二〇一一年まで刑務所。二〇一一年五月の出獄証明書を持っている。高校は八年間の投獄中に刑務所の中で勉強し卒業した。その後、二〇〇二年から二〇〇四年まで台中に戻り、フォークリフトの運転手をやった。その時の収入は良かった。月七万元くらいはもらったという。その時は会社の寮で生活していた。家賃は要らない。しかし、休みを取れないことで班長と喧嘩をし、仕事を辞めてしまった。それからは建設日雇いの仕事。二〇〇八年に台北に来ることになった。台北では西門町で野宿していた。その際に社会局のアウトリーチに会って、遊民収容所に入所した。二〇〇九年に脳卒中を患い、時々呂律が回らないことがあったり手首が動きにくいなどの後遺症が残った。そのため障がい者手帳を取っているが、それに関連した手当等はもらっていないようである。

③廉価宿所での生活、最後の拠り所は家族という弱い紐帯

二週間ほど前までは台北市労工局の紹介で、台湾大学の附属病院で清掃の仕事をやっていた。現在は妹がソーシャルワーカーを経由して生活費の仕送りをしている。時たま兄からもお金を送ってもらっている。子どもは、フランス人の息子とはやり取りがないが、中国人の娘とは連絡している。母親と姉、妹は台中に住んでおり、兄は桃園にいる。弟とはまったく連絡もなく、どうしているのかわ

からない。医者からリハビリを受けるよう勧められているが受けていない。血圧も一八〇と高い。もうすぐ死んでしまうと思う時がある。たまに社会局のソーシャルワーカーに会いに出かけることがある。現在住んでいる廉価宿所には冷蔵庫もクーラーもあり快適だと思う。時たま一人で散歩に出かけたりもする。食事は一日一食しか食べていない。特に決まっておらず適当に食べている。悪い夢を見ている。悪夢。刑務所には合わせて二〇年間くらい入っていた。「まったく、この夢を……二〇年近くも見ているよ」

(3) 台湾における原住民族の生活実態と政府施策へのアクションリサーチ

1) 多民族国家台湾におけるエスニックグループ(族群)

日本の九州ほどの面積に、約二四〇〇万人の人口を抱える台湾が、多民族国家としての特徴を持っていることに気づくのはなかなか難しい。私たちの印象に強く残っているのは、中国共産党に負けて逃げ込んできた、蔣介石の国民党の子孫という意味で、中国大陸の漢族と同じように考えることが多いかもしれない。しかし内実を見ると、それは現代史の一ページに過ぎず、それよりずっと前から台湾島に居住してきた住民の存在に気づく。一般的に、台湾には四つの「エスニックグループ」、つまり「族群」と呼ばれるものがある。まずは、日本の植民地からの解放後に台湾を接収し、その後中国共産党に負けて移住してきた「漢族」で、「外省人」と呼ばれる族群である。それに対し、中国清朝から移住して来た人びとで、祖先が福建省南部出身、もともと福佬《ふくろう》語または閩南《びんなん》語と呼ばれる言葉を話していた人びとは「福佬人」または「閩南人」と呼ばれる。次に祖先が広東省北部出身で、客家《はっか》語を話していた人びとの子孫で、「客家人」と呼ばれている。これらの人びとは蔣介石が台湾に渡ってくる以前から台湾に居住していたことから、「本省人」と呼ばれている。人口の割合的には、福佬人が全体の約七〇％を占め、客家人と外省人が約一三％ずつ、そしてその人びとよりはるか昔から台湾島に居住していた台湾の先住民（＝原住民）が約三％を占めている。「原住民」という用語には日本では侮蔑的な意味合いが込められていることから、先住民と称されることが多いが、台湾では後述する当事者による運動（正名運動）によって、元々台湾に住んでおり現在も居住しているという意味で「原住民」という用語が定着している（ここではそれにならって「原住民」と言う）。

2）原住民の生活状況

先述したように、台湾の原住民は台湾の族群の一つを構成しており、現在台湾全島で五六万人いる（人口比二・三八％）。原住民として政府より認定を受けているのは一六部族で、そのうち「アミ族」が大多数を占める。アミ族以外の人口一万人以上の部族は六部族ある。以前は部族の文化や生活上の理由によりほとんどの場合が地方に居住していたものの、現在は原住民人口のおよそ四六％が都市に居住している。子どもの教育問題もその理由の一つである。都市生活に伴う様々な問題も生じている。原住民世帯の収入は一般世帯の六五％水準で、とりわけ相対的に低い水準に留まっている。失業率は約四％で、これも一般より一％ほど高い。

3）原住民の権利擁護に向けた当事者運動の展開——正名運動

一九八〇年代は長い間台湾の政治社会的な足枷となっていた戒厳令が解かれ、民主化が進められる大きな転機となった時代であったが、この時代に原住民の政治社会的な権利の面でも大きな流れが生み出された。中でも台湾大学の原住民学生たちの手書きの回覧雑誌『高山青』の刊行（一九八三年五月一日）は、「民族自覚運動」や原住民族の権利運動を広げる呼び水となった。その後、キリスト教長老教会の支援を受けて「台湾原住民権利促進会（原権会）」が結成された。その原権会が中心となり、国際的な先住民族運動と繋がるとともに、原住民の内部植民地状況からの脱却を目指した啓蒙運動や権利獲得運動に取り組んでいった。

「原権会」は一九八七年に組織改組を経て「台湾原住民族権利促進会」に改称するとともに、「台湾原住民族権利宣言」を採択した。その後、それまでにスティグマ（汚名化）化された「呉鳳神話」打破に向けた取り組みを進める。同時期は各地で政治社会運動が勃発し、公害反対運動や女性運動、都市住宅運動に至るまで、様々なテーマによる社会運動によるデモ隊が街頭を埋め尽くしていた。原住民運動も、こういった運動の展開の中で、脱「汚名化」と自分自身の名前を勝ち取ること（「正名」を正す）に焦点が当てられた。その後「原からの住民」を含意する「原住民」という呼称が採用され、「原住民」個人のアイデンティティに加え、「原住民族」の集団としてのアイデンティティを言及する際の呼称として認めるよう、漢族社会に対し求め続けた。

写真 3-15　新北市内の原住民住宅の外観
正門には原住民の部族のシンボルがデザインされている。
出所：筆者撮影（2014 年 2 月 20 日）

写真 3-16　原住民委員会訪問記念集合写真

一九八〇年代には、八六年の民進党の結成強行や一九九〇年の李登輝総統の執権が続く中、政治的自由化から民主化が進み、原住民の政治的権利が憲法に正式に書き込まれるようにもなったが、ここでは「原住民」の呼称が採用されなかった。その後、原権会を中心とする運動団体は「台湾原住民族憲法運動連盟」を結成、継続的なデモと運動を展開し、最終的には一九九四年の第三次改憲で「原住民」が、第四次改憲で「原住民族」が受け入れられた。また、個人名にかんしても、漢族名や日本式名ではなく、民族名を名乗る権利の回復を目指した「正名」運動が展開された。

4）原住民族基本法の成立による支援施策の展開

運動の基盤が熟する中、制度的な権利保障の枠組みが進められ、二〇〇五年二月五日には全三五条からなる「原住民族基本法」が公布・施行された。[25] 次の内容は、それによって設置された政府組織である「原住民委員会」を訪問した際に担当官へのインタビュー調査によって聞き取りした事業紹介の概要をまとめたものである。[26]

①教育支援策

原住民身分を持っていると大学入学と公務員試験にも有利となる。五歳の時に原住民身分を主張し、それが認められたら、小学校入学時に学費の免除が受けられる。次は、中学や高校、大学の入学に際

25　次のサイトから原文を見ることができる。全国法規資料庫 http://law.moj.gov.tw/LawClass/LawAll.aspx?PCode=D0130003.
26　二〇一八年に原住民委員会を訪問した調査内容である。写真3‐16は同委員会の訪問当時、原住民当事者の担当官と参加者との記念写真である。

して原住民身分を主張する場合がある。学費のこともあるが、台湾では入試競争が厳しいので、原住民アイデンティティが認められたら入試に有利になるという理由のため原住民族身分を取ることがある。

②文化や言語アイデンティティの支援

民族認定の試験があり、受験者のうち約三五％が合格する。原住民世帯の大学進学率は一五％程度である。原住民世帯は経済力が低く授業料が払えない場合が多いため、一般に進学率が低い。その一方、非原住民への原住民にかんする理解を高めるための教育プログラムは少ない。「原住民言語発展法」により、八〇〇人の原住民言語教育者を養成している。原住民の言語を認定し保護するため、「財団法人原住民族言語発展協会」が活動している。

また、地方自治体は原住民の文化を育成奨励するため、原住民の祭りを支援している。アミ族の場合、毎年八月は祭り、豊年祭を実施している。その際に中央政府の交通局が協力し電車を貸しきって利用できるように支援している。

③原住民委員会の政策

蔡英文《ツァイインウェン》総統が台湾原住民に対するこれまでの四〇〇年間の不平等や不正義について公式に謝罪した。それにかかわる具体的な八つの政策を原住民委員会が担当している。原住民基本法に基づいて、四ヶ月に一回会合を開く。

原住民委員会の社会福祉課には四〇人の職員が働いている。業務としては三つの部門（子ども、障がい者、高齢者）がある。

就労支援にかんしては四〇のプロジェクトを実施している。「原住民仕事権利保障法」に基づき、企業内で一定割合の採用が義務付けられている。二％は原住民を雇う必要がある。原住民を雇わなかったら罰金が科せられる。これによって失業率が六％下がり現在約四％になっている。

原住民の健康や衛生に関連しては「ビジョンプロジェクト」を実施している。その軸となるものは、今後四年間で原住民のための「健康文化センター」をつくるためのプロジェクトである。文化の面でもきちんと対応していくことを重視している。なお、健康保険にかんする補助金もある。

④原住民向け社会住宅（写真3－15参照）

公共建築課が担当しており、一八人のスタッフが働いている。同課は三つの部門に分かれている。

第一課：環境改善にかんする業務を担当する。原住民が住宅を購入する際は一万元の補助金が受けられる。改修の場合も補助金が出る。

第二課：原住民向けの住宅（社会住宅）の建設供給を担当する。

第三課：部落安全課で、台風等によって被災されたコミュニティや世帯への支援を担当する。地震による被災を受けた花蓮では五〇世帯分の住宅を建設中である。

中央政府の原住民委員会の年間予算額は八二億元で、そのうち四〇億元は自治体に移管される。自治体の役所の中には地方レベルの「原住民委員会」が設置されている。

写真 3-17　香港の屋上小屋　出所：筆者撮影

参考文献

王甫昌（二〇一四）『族群――現代台湾のエスニック・イマジネーション』東方書店

沼崎一郎（二〇一四）『台湾社会の形成と変容――二元・二層構造から多元・多層構造へ』東北大学出版会

若林正丈（二〇〇一）『台湾――変容し躊躇するアイデンティティ』ちくま新書

若林正丈（二〇〇七）「現代台湾のもう一つの脱植民地化――原住民族運動と多文化主義」『台湾原住民研究』（第一一号）風響社、一一三－五四頁

（4）香港に広がる狭小住宅問題と若いソーシャルワーカーによる居住支援へのアクションリサーチ

近年、香港では、安価な民間賃貸住宅における居住貧困が社会問題となってき

た。香港はシンガポールに次ぐ大規模の公共賃貸住宅のストックを保有している。にもかかわらず、香港の居住貧困の規模は一〇万名を超えるものと推測されている（コルナトウスキ、二〇一二）。こうした居住貧困のしわ寄せを受けているのが、一人暮らしの高齢者、移民、そしてホームレスの人びとである。香港の場合、人口の約五〇％が公共賃貸住宅に居住しているが、公共賃貸住宅への入居権を持たない「新移民（New Arrivals）」や公共賃貸住宅への入居において優先順位が低い一人暮らしの人びとは、住宅市場に翻弄されざるを得ない。香港の産業構造は、一九八〇年代以降、サービス及び金融市場を中心としたものへ改編された。これに伴い、都市の市街地の再開発が加速し、安価な住宅の減少と賃貸料の上昇が進み、低所得層の住居問題が深刻化した。このような過程を経て、公共賃貸住宅が多いにもかかわらず、居住貧困率が高いという香港に特異な居住貧困の形態が現れた。

代表的な形態としては、「屋上小屋（Roof top Hut）」という住居類型がある。その名の通り、建物の屋上につくられた住まいである（写真3－17参照）。屋上小屋は、安価な住宅への需要増大と一九九八年までの家賃統制を背景に、所有主の収益確保の手段となってきた。建築法には違反しているが、事実上黙認されている。火災などの災害発生時に危険な住居（例：階段が一つしかない建物）でない限り、取り締まりのリスクは低い。一棟あたりの入居世帯は平均三～六世帯ほどだが、三〇世帯以上が居住している場合もある。入居者としては三人以上の世帯が多く、たいていは失業者、病人、高齢者、移民、公的扶助（Comprehensive Social Security Assistance: CSSA）受給者の割合が圧倒的に高い。二〇〇六年当時の住民は三九六二名で、二〇〇一年の一万六三五九名から激減している。

その理由は、一九九六年と一九九七年とに二回発生した火災で多くの死者を出したことによる、行政のクリアランスが背景にあると言われている（Ernest, 2008）。

もう一つ、「間仕切りアパート（Subdivided Flats）」という類型がある。

同アパートは、部屋をさらに間仕切りして極端に狭い空間で居住する形態である。これは、「キュビカル（Cubicle）」という、合板パネルを使って部屋を間仕切りしたもので、「木造間仕切り部屋（Wooden Partitioned Room）」とも呼ばれる。また、「ベッドスペースアパート（Bedspace Apartment, Cage Home）」、通称、「ケージホーム」と呼ばれるものがある。これは、体を横たえるのが精一杯の空間と、貴重品やプライバシーを守るために四方に鉄製の網で囲まれている形態が特徴的である。こうした宿所は、旺角、油麻地、大角咀、深水埗、土瓜湾、九龍など、低賃金の仕事が集まる港湾地域や工業地帯に近い都市地域に分布している。こうした地域の住民には日雇労働者をはじめとする低所得層が多く、他の地域より公的扶助（ＣＳＳＡ）の受給率が高い。また、中国本土からの移民をはじめ、一人暮らしの高齢者や外国籍の住民が多数居住している。民間の安価な住宅ストックは多く分布しているが、そのほとんどは一九五〇～六〇年代に建てられた建物であり、ストックの老朽化が激しい。周辺には、夜市、リサイクル業者、商店などがあり、低賃金労働者には親しみやすい生活空間を構成している。近年は中国からの資本流入を背景に、これらの地域を対象とした再開発が活発化しており、賃貸料が上昇している（コルナトウスキ、二〇一二）。

香港では政府の一貫した「不関与政策」のため、公共賃貸住宅の入居待機者は増加してい

写真 3-18　ウェディング・カード・ストリート　出所：筆者撮影

る。入居待機件数は、二〇〇七年の一〇万七〇〇〇件から二〇一二年の二一万四〇〇〇件へと、わずか五年間でおよそ二倍に増えた。平均待機期間は二・七年と長く、三年以上の待機者が一万五〇〇〇名ほどいる。[27] 二〇〇七年以降の五年間の公共賃貸住宅建設戸数は七万五〇〇〇戸であり、年平均では一万五〇〇〇戸に過ぎない。二〇一三年の市政報告によれば、以後五年間の建設予定戸数も七万五〇〇〇戸とされている。住宅供給が低調な中、居住貧困層は不適切な住まいでの超過密な生活を強いられているのである（Chick, 2013）。これらに対し「香港社区組織（SoCO）」は、と

27　二〇二〇年には公共賃貸住宅の入居希望世帯数は一五万三五〇〇戸で、平均待機期間は五・四年となっている（葉、二〇二〇：一四）。

りわけホームレスの人びとが多く居住する、深水埗地域への支援活動として、内務部（Home Affairs Department: HAD）深水埗事務所から一・四百万ドルの補助を得て、ホームレス問題に対応するため宿所の支援等を含むモデル事業を始めた。その成果を受け、二〇一四年からは「The Watchers Project」と称する本格的な支援事業に乗り出している（Angela, 2015）。

一方、先述したように、香港は最先端の都市再開発等による都市の高密利用で知られる。しかし、その裏側には「保全」と「参加」に向けた地道な闘いも潜んでいる。通称ウェディング・カード・ストリートとして有名な地区であった香港島に位置する利東街や、それに近い藍屋（ブルーハウス）にかかわる事例がそれである。それらの闘いの主人公は、若いソーシャルワーカーたちである。彼ら・彼女らの実践を通して、開発をめぐる錯綜した関係性（政治権力とデベロッパー、そしてそれに対応したコミュニティ側の対応）のせめぎあいの中で変容してきた香港の庶民の町のストーリー、そして激しい格差であえぐ香港という都市空間の中で、市民社会のアイデンティティがいかに形成されてきたのかを垣間見ることができる。利東街は、結婚式の招待状や祝議袋などを専門に扱う印刷業者や小売業者が集中する街路として知られた地区であった。しかし、その後政府系機関である「市区重建局（Urban Renewal Authority: URA）」による都市再開発事業が実施された地域である。

その実態は、すべての土地と建物の使用権及び所有権をＵＲＡが購入し、全住民を地区外に転居させ、既存のすべての建物を取り壊した上で民間デベロッパーと共同再開発を行い、住宅及び商業用の五〇階建ての超高層ビルを建てるというものであった。これに住民側は猛反発し、引き続き当該地域で店舗を構えて営業しながら生活できるよう、ＵＲＡ側に対して要望を訴えかけた。しかし、ＵＲＡはそれに取り合わず、計画は実行された。一方、事業の公表を受けて利東街及び周辺住民と事業者たちは対応組織（Ｈ一五再開発事業コンサーングループ）を結成し、都市計画や建築、社会学等の専門家、大学の研究者、ソーシャルワーカー、区議会議員なども加わり、市民による提案型再開発計画の作成に着手した。期間中の活動資金は住民たちが負担し、数多くの住民総会やワークショップ、そしてパブリック・コンサルテーションや展示会等を開き、香港史上初の、ボトムアップによる再開発計画案を作り上げた。

結果的には、市民側の提案は受け入れてもらえず、ＵＲＡの計画のまま実施され、地域は取り壊されてしまった（福島、二〇〇九）。そのような市民側の対応の中で中心的な役割を担っていたのは、セント・ジェームス・セツルメント（St. James Settlement: SJS）の若きソーシャルワーカーであった。香港の現場を訪ねるたびに、こういったソーシャルワーカーを名乗る若いスタッフに出会うことが決してまれではない。ＳＪＳのスタッフのみならず、先述した民間住宅を活用した困窮層への居住支援事業を実施している、「香港社区組織（Society for Community Organization: SoCO）のスタッフもそうである。香港では、このようにソーシャルワーカーたちが都市問題に大きく関与してきた古い歴史を持っている。ＳｏＣＯは香港の社会団体としても規模が大きく、一九七一年に設立され、アジアのコミュニティ組織化（Community Organization: CO）運動のネットワークである、「アジア住民組織委員会（Asian Commitee for People's Organization: ACPO）にも所属していた（Denis, 1990）。

SJSは、湾仔《ワンチャイ》に本部を構える社会福祉NGOとして活動しており、一九四九年以来の活動の歴史を持つ。このようなソーシャルワーカーは、人口比で言うと、日本の四倍近くいるとされ、激しい格差社会を生きる香港で、社会的サービスを十分に受けられない障がい者やホームレスの人びと、不法滞在者、移民、難民などの社会的弱者のための支えとなっている。若い人たちが、都市問題や社会問題に正面から真摯に取り組んでいる姿は、香港のみならず、東アジアの各都市でも見られる。

参考文献

葉毅明（二〇二〇）「不平等都市における苦闘――香港の住宅問題」全泓奎編『分断都市から包摂都市へ――東アジアの福祉システム』東信堂

コルナトウスキ・ヒェラルド（二〇一二）「香港のインナーシティにおける民間低家賃住宅のマージナル化と住宅困窮問題」『居住福祉研究』（13）東新堂、六二－八〇頁

福島綾子（二〇〇九）『香港の都市再開発と保全――市民によるアイデンティティとホームの再構築』九州大学出版会

Angela Lui（2015）"Innovative approaches in working with sub-divided flat dwellers and homeless people in Hong Kong" in *East Asia Conference on Housing Welfare: Solving the Housing Problems of the Poor in East Asian Cities*, pp.489-496.

Chick Kui Wai（2013）「香港の住宅問題にいかに臨むべきか」『第3回 包摂都市ネットワーク国際ワークショップ資料集』二四－二五頁

Denis Murphy（1990）"Community organization in Asia" in *Environment and Urbanization*, Vol.2, No.1, pp.51-60.

Ernest Chui（2008）*Rooftop Housing in Hong Kong: An Introduction in Rufina Wu/Stefan Canham, Portraits from above: Hong Kong's Informal Rooftop Communities*, Peperoni Books.

あとがき

自分の研究の原点はどこにあるのか、また自分の研究は何に向かうべきかと、自問することがしばしばある。その時にふと、自分の研究の原点は何だったのか、と思うようになった。それが本書の企画を進めるきっかけになった。研究者の途を目指して玄界灘を渡って二十数年になる。その間筆者は、本書の冒頭で述べた地域のこと、住民のこと、そしてそこで自分が行ってきたことを忘れたことはない。筆者の研究は、現場に還元すること、また現場と研究を媒介し、研究による実践的なフィードバックを最大に可能とするための研究、である。研究者として一人前になるまでの過程、つまり学生だった時も常に現場と繋がることを大切に思いかかわってきた。それは今でも変わっていないし、これからも変わらない。そうした意味で筆者は現場型人間で、現場志向型研究者とも言えるであろう。それをここではアクションリサーチとして表現してみた。コロナ禍の中で社会は以前にもまして貧困や排除が蔓延している。これはジジェク[1]を引き合いに出すこともなく、「貧困のパンデミック」への対応が喫緊に求められていることを示している。

本年（二〇二二年）の八月にはこれまで一〇年以上にわたり実践的交流を媒介しながら進めてきた、東アジア包摂都市ネットワークによる第11回目のワークショップが対面とオンライン併用で開催される。二〇二一年は記念すべき第10回のワークショップだったのだが、急増する感染状況の影響で、対面での開催を断念し、主催側である韓国のソウル市のグループが中心になってオンラインで開催された。昨年も改めて想い起こされたのは交流の重要性であった。人と人が交わり、立場の違う人びとが対面し、交流することによって相互の違いを認識し受け止める。認識して通り過ぎるのではなく、ここでは受け止めることの重要性が大きい。そこから変容や変革が始まるのだ。そのためには交流は必須だ。今回のワークショップを準備し始めた頃は、それほど感染者の増加がなく、社会も旅行やら観光やらでこれまで委縮し続けてきた景気の回復に向け、期待感で満ち溢れていた。それがあっという間に感染の急速な増加に様変わりし、最初は戸惑った。しかし、これ以上実践的交流の場を止めるわけにはいかない、という思いもあり、対面とオンライン併用で乗り切ることにした。本書を執筆している今は、ワークショップが三週間後に控えている。何事もなく、これまでに続きこれからを繋ぐ実践的な交流の場となっていることを願ってやまない。

さて、本書の企画と執筆に際しては、最愛の家族の理解と協力なしではなりえなかった。筆者の妻はもちろん身内ではあるが、筆者の最も重要な理解者で共同研究者でもある。妻は、学位取得後は一時期研究者の途を目指していたが、その後あっさりと現場に入ってしまった。学んだことを実践に活かしていきたいという思いがあったと聞いている。今でも現場で一生懸命に悩みながら活動をしている。筆者はそのような妻の姿に連日刺激を受けながら対話している。今回のこの書籍では、どちらかといえば、妻のような、現場にいる研究者、すなわちあえていうならばアクションリサーチャーのような人材を紹介したかった。いつからかわからないが、近年、研究者から現場に入る人材が増えてきているように思われる。筆者はどちらかといえば、本書中に述べてきたように、その逆のプロセスをたどってきた人間である。しかし、やはり自分の経験もそうだが、その逆の経験にかかわる教育や、その経験の記録によってこうした人材を世に出し続けていくための教育手法の開発も必要ではなかろうかとずっと考えてきた。また、それに加えそのような人材を支える仕組みの開発や整備の必要性も実感している。本書で取り上げられたそのような課題は、今後の宿題として持ち越していきたい。また、そのような意味で本書を、筆者の妻や、妻のように様々な現場と研究とを往来している多くのアクションリサーチャーに捧げたい。

最後に本書の刊行に際して、目次や構成をはじめ、編集内容など細部にわたり多くの助言をいただいた明石書店編集部の神野斉氏、岩井峰人氏にこの場を借りて感謝申し上げる。
また、本書は、日本学術振興会科研費（20KK0041）による成果の一部である。

1　ジジェクは、『パンデミック2――COVID-19と失われた時』（Pヴァイン、二〇二一：八一）の中で「〝貧困のパンデミック〟を攻撃せずに〝ウィルスのパンデミック〟を終息させることなどできないのだ」と警鐘を鳴らす。

初出一覧

はしがき　書き下ろし

序論　書き下ろし

第1章

1～2：書き下ろし

3：筆者の修士論文から一部を転載

4：書き下ろし

5：「社会的排除に抗しうる「自立型の福祉社会システム」の可能性」『ホームレスと社会』（Vol.2、2010）所収論考より加筆修正

第2章

城所哲夫・瀬田史彦編（二〇二一）『ネオリベラリズム都市と社会格差――インクルーシブな都市への転換をめざして』（東信堂）所収「第4章：社会的排除と包摂型地域再生」を加筆修正

第３章

1：『コリアンコミュニティ研究』（Vol.2、2011）所収論考を加筆修正
2：『4地区共同による地域再生に向けたアクションリサーチ――にんげんのまちづくりを未来につなぐ』（ＵＲＰ「先端的都市研究」シリーズ32）所収論考を加筆修正
3：『外国にルーツを持つ子どもの支援に向けたアクションリサーチ――生活支援と進学の課題』（ＵＲＰ「先端的都市研究」シリーズ26）所収論考を加筆修正
4：「東北型多文化共生と定住外国人支援の課題」『いのちを守る都市づくり』大阪公立大学共同出版会を大幅に加筆修正
5：「台湾における原住民の生活実態と政府施策――原住民委員会を中心に」「ソーシャル・ワーカーと都市問題への対応――「利東街」と「ブルーハウス」」（ＵＲＰ「先端的都市研究」シリーズ16）所収論考を加筆修正

あとがき　書き下ろし

全　泓奎（じょん　ほんぎゅ）
大阪公立大学都市科学・防災研究センター教授。大阪公立大学大学院現代システム科学研究科社会福祉学分野教授。日本福祉大学アジア福祉社会開発研究センター主任研究員を経て現職。著書に、『東アジア都市の社会開発――貧困・分断・排除に立ち向かう包摂型政策と実践』（明石書店、2022年、共編著）、『分断都市から包摂都市へ――東アジアの福祉システム』（東信堂、2020年、編著）、『東アジア都市の居住と生活―― 福祉実践の現場から』（東信堂、2019年、編著）、『包摂都市を構想する――東アジアにおける実践』法律文化社、2016年、編著）、『包摂型社会―― 社会的排除アプローチとその実践』（法律文化社、2015年）等。

貧困と排除に立ち向かうアクションリサーチ

韓国・日本・台湾・香港の経験を研究につなぐ

2022年12月10日　初版第1刷発行

著　者　全　泓奎
発行者　大江道雅
発行所　株式会社 明石書店

〒101-0021 東京都千代田区外神田6-9-5
電　話　03（5818）1171
FAX　03（5818）1174
振　替　00100-7-24505
https://www.akashi.co.jp

装　丁　明石書店デザイン室
印　刷　株式会社文化カラー印刷
製　本　本間製本株式会社

（定価はカバーに表示してあります）　ISBN978-4-7503-5496-5